LES

MISSISSIPIENS.

IMP. DE HAUMAN ET Ce. — DELTOMBE, GÉRANT.
Rue du Nord, no 8.

LES MISSISSIPIENS

PROVERBE EN TROIS ACTES,

PAR

George Sand.

BRUXELLES.

SOCIÉTÉ BELGE DE LIBRAIRIE.

HAUMAN ET Ce.

1840

BIBLIOTHÈQUE NATIONALE
IMPRIMÉS
R.F.

LES

MISSISSIPIENS,

PROVERBE.

PROLOGUE.

1703.

PERSONNAGES.

LA MARQUISE DE PUYMONFORT.
JULIE, sa fille.
LE DUC, ami de la maison.
SAMUEL BOURSET, fait comte de Puymonfort par son mariage avec Julie.
LÉONCE, chevalier de Puymonfort, cousin de Julie.
DESCHAMPS, vieux valet de chambre de la marquise.

Chez la marquise de Puymonfort. — Un petit hôtel au Marais.

SCÈNE PREMIÈRE.

LE DUC, DESCHAMPS.

LE DUC *entre en belle toilette du matin.*

Eh bien! Deschamps, on est déjà parti pour l'église?

DESCHAMPS.

Ah! M. le duc! votre présence eût été bien nécessaire. Au moment de monter en voiture, mademoiselle s'est trouvée mal. Il a fallu la rapporter dans son appartement, où madame la marquise a eu toutes les peines du monde à la faire revenir. Madame la marquise s'inquiétait beaucoup de ne pas voir arriver M. le duc; elle me disait : Deschamps, aussitôt que M. le duc sera au salon, faites-le monter ici. Et puis elle ajoutait, comme se parlant à elle-même : Ah! mon Dieu! il n'y a que lui qui ait un peu de tête ici! Enfin, mademoiselle a repris courage, et elle s'est laissée emmener; mais madame la marquise m'a ordonné, en partant, de prier M. le duc d'aller la rejoindre à l'église...

LE DUC, *s'asseyant.*

C'est ça!... je vais aller m'enrhumer dans vos diables d'églises! (*Se parlant à lui-même en se frottant les jambes.*) La chère marquise croit que j'ai toujours vingt ans... C'est bien assez qu'il faille avaler la messe du roi quand on va faire sa cour... Oh! pardi! j'ai de la dévotion par-dessus les yeux!

DESCHAMPS.

M. le duc aura la bonté de dire à madame la marquise que j'ai obéi à ses ordres, car elle me gronderait beaucoup si j'y manquais.

LE DUC.

Te gronder, toi, Deschamps? Est-ce qu'on se fâche avec un vieux serviteur comme toi?

DESCHAMPS.

Eh! eh, quelquefois, M. le duc, depuis la mort de M. le marquis!

LE DUC.

Eh! eh! M. Deschamps, vous persiflez, je crois!... Il y a longtemps que je ne t'ai rien donné... Tiens, vieux coquin!

SCÈNE II.

LE DUC, *seul.*

Ces canailles-là se mêlent d'avoir de l'esprit ! Ah çà ! pourvu que la petite n'ait pas fait quelque nouvelle sottise avec sa belle passion... Baste ! elle se consolera comme se consolent toutes les femmes à présent, avec des parures, de beaux équipages et un grand train de vie... Autrefois les femmes valaient mieux ; c'est un fait, elles nous aimaient quelquefois pour nous-mêmes ; pas souvent, mais enfin ça se voyait, tandis qu'aujourd'hui il n'y a pas un regard qu'il ne faille payer au poids de l'or... La Maintenon, et avec elle la dévotion, a introduit cet usage... Aussi il fait cher vivre à présent... Mais qu'y faire ?... Il faut bien marcher avec son siècle.

SCÈNE III.

LE CHEVALIER, LE DUC.

(Le chevalier, pâle et dans un grand désordre, quoique mis avec une certaine recherche, entre avec agitation, et, sans faire attention au duc qui est enfoncé dans un fauteuil, jette brusquement son chapeau sur la table.)

LE DUC, *tressaillant.*

Eh ! doucement donc, mon cher ! vous avez

des façons... (*Se retournant vers le chevalier.*) Ah ! comment diable ! c'est toi, mon pauvre chevalier ? Je ne m'y attendais guère.

LE CHEVALIER.

Et cela vous paraît bien ridicule, M. le duc?

LE DUC.

Passablement, à ne te rien cacher. Que diable viens-tu faire ici, mon cher?

LE CHEVALIER.

Je voulais la voir encore une fois, lui dire adieu, ou du moins rencontrer son regard avant que cet horrible sacrifice fût accompli.

LE DUC, *tranquillement.*

En ce cas tu viens trop tard, car déjà le sacrement est entre vous. Tiens, écoute ces cloches ; c'est le *sanctus* qui sonne à la paroisse. La messe touche à sa fin, le mariage est consacré. (*En chantant*) : *Allez-vous-en, gens de la noce.*

LE CHEVALIER.

Avec quelle horrible tranquillité vous m'enfoncez ce poignard dans le cœur!... Ah ! je vous ai cru mon ami, celui de Julie du moins, et vous voyez notre désespoir avec une indifférence... !

LE DUC.

Votre désespoir! dis le tien, pauvre fou, puisque tu es assez naïf pour prendre la chose au sérieux; mais quant à celui de Julie, elle épouse Samuel Bourset. C'est ce que j'y vois de plus clair.

LE CHEVALIER.

Et qui donc a fait ce mariage infâme? Car enfin, je le sais, et désormais votre feinte pitié ne me trompera plus; c'est vous qui l'avez conseillé, et vous l'avez mené à bout avec une persévérance, avec une perfidie...

LE DUC, *haussant les épaules.*

Chevalier, tu perds la mémoire. Tu es fort troublé, c'est ton excuse. Mais essaye un peu de rappeler tes esprits. Lorsqu'il y a huit jours tu vins me trouver et me dire : La succession de mon père est liquidée; il s'y trouve plus de dettes que d'argent; je suis un homme ruiné...

LE CHEVALIER.

Ah! je vous ouvris mon cœur avec un abandon!

LE DUC.

As-tu donc sujet de t'en repentir? Quels conseils me demandas-tu? Des conseils pour être heureux ou des conseils pour être sage?

LE CHEVALIER.

Je vous demandai de me tracer mon devoir ; vous l'avez fait, j'en conviens ; mais...

LE DUC.

Mais j'aurais dû y joindre un miracle, n'est-ce pas, et trouver le moyen de te conserver honnête homme en te faisant faire une mauvaise action ? Je ne suis pas si habile.

LE CHEVALIER.

Je sais que, perdu sans ressource, je ne pouvais plus aspirer à la main d'une fille bien née, sans fortune elle-même.

LE DUC.

Quand la faim et la soif se marient, comme on dit, ils ont pour enfants la misère et la honte.

LE CHEVALIER, *vivement.*

Non, M. le duc, la misère n'est pas la sœur de la honte.

LE DUC.

Eh bien ! mettons qu'elle est sa cousine germaine. Je ne dis pas cela pour te blesser, chevalier. Tu es jeune, tu as du courage, de l'esprit, du génie... Tu feras ce que tu as projeté. Tu iras dans l'Inde ou dans le nouveau monde refaire ta fortune ou mourir. C'est le devoir d'un homme de ta naissance. Mais tu m'avoueras qu'en épousant ta cousine, tu ne prenais pas le chemin de réparer tes désastres. Jeunes tous deux et amoureux en diable, vous eussiez eu une nombreuse famille...

LE CHEVALIER.

Ah! quelles images d'un bonheur pur vous me mettez cruellement sous les yeux! Et maintenant il faut qu'elle passe du sanctuaire où je la plaçais dans mes rêves, aux bras d'un ignoble traitant, d'un juif, d'un Samuel Bourset! Oh! non, ce n'est pas la misère qui est la sœur de la honte, M. le duc! c'est la richesse acquise au prix de l'amour et de la pudeur.

LE DUC.

Parlons-nous philosophie? J'en suis et je te donne raison. Mais si nous vivons dans un monde positif, et je crois que nous ne pouvons en sortir décemment, quoi que nous fassions, il nous faut bien suivre l'opinion, accepter ce qu'elle encourage et nous garder de ce qu'elle proscrit. Tu te croyais passablement fortuné et tu allais épouser ta cousine. Un beau matin tu te trouves sur le pavé, il faut que tu t'en ailles, et de plus il faut que ta cousine se marie. Je sais bien que dans le premier moment tu t'es flatté qu'elle attendrait ton retour des grandes Indes. Il a fallu te le laisser croire pour te donner du courage.

LE CHEVALIER.

Eh! ne pouviez-vous me le laisser croire du moins jusqu'à mon départ!... Quelques jours encore, et je serais parti plein d'avenir, plein d'illusions, tandis que maintenant je n'ai plus qu'à me brûler la cervelle.

LE DUC.

Fi donc! c'est du plus mauvais goût. Mon perruquier en a fait autant la semaine dernière pour la femme de mon valet de chambre. Tu n'en feras rien, mon cher; un gentilhomme ne doit pas finir comme un pleutre. Et, quant au reproche que tu me fais de ne t'avoir pas embarqué avec tes illusions en pacotille, j'ai à te répondre que si on t'avait laissé l'ombre d'une espérance, tu ne serais jamais parti. Tel est l'homme, surtout quand il est amoureux et qu'il a dix-huit ans.

LE CHEVALIER.

Ah! que vous étiez tous pressés de me voir partir!... Eh bien! si je devais subir ce dernier supplice, fallait-il donc mêler le ridicule à l'odieux, et sous mes yeux la livrer à un homme de cette espèce?

LE DUC.

Mon cher ami, cet homme a des millions, et la semaine dernière Sa Majesté a promené elle-même dans ses jardins de Marly, de l'air le plus gracieux qu'on lui ait vu depuis vingt ans, et en disant les plus aimables choses qu'elle ait dites de sa vie, maître Samuel Bernard le financier, l'oncle du Samuel Bourset que nous épousons aujourd'hui. Maître Bernard paye les dettes du roi, cela vaut bien deux heures d'affabilité, car ce ne sont pas de petites dettes! mais aussi ce n'est pas un petit monsieur que celui que Louis XIV caresse de la sorte!

LE CHEVALIER.

Et vous aussi, vous contemplez tranquillement de pareilles choses?

LE DUC.

Moi? je sais qu'en penser, aussi bien que toi. Mais à nous deux nous ne changerons pas le monde. La cour et la ville se modèlent l'une sur l'autre; le roi est ruiné et nous le sommes. Il est magnifique et veut que nous le soyons; il s'endette et nous nous endettons; il flatte la finance et nous tirons le chapeau après lui. Ainsi, ta cousine fait aujourd'hui un excellent mariage, et, à l'heure qu'il est, plus de deux mille nobles familles qui ne savent plus à quel clou se pendre, bien loin de mépriser le sang d'Israël, eussent bien voulu attirer vers elles ce filon d'or.

LE CHEVALIER.

Julie est assez belle, assez charmante, d'une famille assez illustre pour qu'un homme riche et bien né eût recherché sa main.

LE DUC.

Non pas dans le temps où nous sommes. Et d'ailleurs, chevalier, puisque tu me forces à te le dire, Julie était compromise plus que tu ne penses par la violence de ton amour. L'attrait d'un grand nom a pu seul déterminer un traitant à passer par-dessus certaines craintes... qui sont un préjugé sans doute, mais un préjugé moins facile à vaincre chez nous autres que chez les gens du commun.

LE CHEVALIER.

Ah ! elle est pure comme la vertu elle-même!... J'en atteste...

LE DUC.

Je ne te demande pas cela ; ça ne regarde personne ; la voilà mariée...

LE CHEVALIER.

Si cet homme a de pareilles craintes, il n'en est que plus vil de les braver.

LE DUC.

Cet homme quitte aujourd'hui son fâcheux nom de Samuel Bourset pour celui de Bourset de Puymonfort. Sa femme le rebaptise par contrat de mariage; qui sait? le roi l'anoblira peut-être. C'est comme cela que les grandes familles se conservent; c'est l'usage maintenant, il n'y a rien à dire. Les hommes de finance y tiennent beaucoup. S'ils ne changeaient de nom, ils n'arriveraient pas aux emplois, et il faut bien qu'ils y arrivent. Dans vingt ans d'ici ils y seront tous. Heureusement je n'y serai plus... Et toi qui vas en Amérique, je t'en félicite; je voudrais être assez jeune pour t'accompagner.

LE CHEVALIER.

Eh bien! votre froide sévérité sur les choses et sur les hommes de ce temps me gagne et me fortifie... Oui, je partirai, mais sans l'avoir vue... Je veux qu'elle sache que je la méprise trop pour lui dire adieu.

LE DUC, *l'observant.*

Est-ce que, par hasard, elle comptait te revoir?

LE CHEVALIER.

Croyez-vous que je serais venu ici de moi-même? Non ; je n'aurais jamais remis les pieds dans cette maison ; mais elle l'a voulu... Tenez, voici le billet que j'ai reçu ce matin...

LE DUC, *à part, le parcourant.*

Ah! c'est donc pour cela qu'elle a fait promettre à sa mère de ne pas la conduire directement de l'église à la maison du banquier, mais de la ramener ici pour quelques instants!... (*Lisant.*) *J'ai arraché à maman la promesse que nous nous verrions un instant en sa présence.* (*Haut.*) Mais non pas en la présence du mari, je pense?... (*Avec une mordante ironie.*) Bonne mère! je la reconnais bien là! (*Regardant le chevalier, qui est fort ému.*) Et tu comptes accepter ce rendez-vous?

LE CHEVALIER.

Non pas! Vous me rappelez à moi-même... je pars à l'instant!... (*Il fait quelques pas, regarde autour de lui et fond en larmes.*) Ah! ce pauvre vieux petit salon où j'ai passé la moitié de ma vie, innocent et pur, auprès d'elle!... heureux comme jamais ne l'a été le roi de France au eu des pompes de Versailles!... je ne le verrai plus... Je vais vivre sur une terre étrangère, où pas une main amie ne serrera la mienne, où pas un cœur ne comprendra ma souffrance !

LE DUC.

Pauvre chevalier !... il me fait vraiment pitié... Voyons, modère-toi un peu, que diable ! Veux-tu m'écouter un instant et suivre mes conseils ?

LE CHEVALIER.

Parlez ! Je suis privé de force et dépourvu de raison à l'heure qu'il est.

LE DUC.

A ta place, voici ce que je ferais : je ne partirais pas, du moins je ne partirais que l'année prochaine.

LE CHEVALIER.

Et à quoi bon prolonger d'une année ce supplice, trop long déjà d'une heure ?

LE DUC.

Qu'il est simple ! Mais où donc as-tu été élevé, mon pauvre garçon ? Comment, tu ne me comprends pas ? Voilà le mariage conclu à ne plus s'en dédire ; ta présence ne peut plus l'embrouiller... Maintenant, tu aimes, tu es aimé... Tu me regardes avec de grands yeux ! Que diable ! je ne peux pas parler plus clairement, ce me semble ?

LE CHEVALIER.

Que me dites-vous? Troubler son repos? Ternir sa réputation ?...

LE DUC.

C'est ce que tu fais depuis huit jours avec tes emportements. Calme-toi, sois modeste dans ton bonheur, tout ira bien, car c'est ainsi que va le monde.

LE CHEVALIER.

Puis-je vivre ainsi, sans fortune et sans état ?

LE DUC.

A quoi bon faire fortune, si tu n'épouses pas? Pourvu que tu aies une position dans le monde, d'ici à un an je te ferai avoir une compagnie de quelque chose.

LE CHEVALIER.

Croyez-vous donc que dans un an je pourrai quitter Julie plus aisément qu'aujourd'hui ?

LE DUC.

Oh ! bien certainement je le crois. Il est même possible que dans ce temps-là vous soyez aussi charmés de vous quitter que vous en êtes désolés aujourd'hui.

LE CHEVALIER.

Mais Julie oubliera-t-elle ainsi ses devoirs, car enfin son mari... sa mère...

LE DUC.

Sa mère est la meilleure femme du monde. Je la connais, moi. Je la connais même beaucoup, entre nous soit dit, et je te réponds qu'au lendemain du mariage ses idées sur la morale ne seront plus celles de la veille.

LE CHEVALIER.

Oh! comme vous parlez de ma tante! Moi, qui l'ai vénérée jusqu'ici comme une mère!... Je crois rêver.

LE DUC.

Relis donc le billet; tu verras que la marquise ne veut pas que sa fille meure de chagrin. Quant au mari, dans cette classe-là ils sont tous aveugles de naissance. Et puis, quand il se douterait de quelque chose, est-ce qu'un homme comme ça oserait faire du bruit? Je voudrais bien voir!

LE CHEVALIER.

Mon Dieu!... préservez ma raison!... Mais,

M. le duc, vous l'oubliez donc ? ce misérable est son maître désormais... Partagerai-je ce trésor précieux et sans tache avec le vil traitant qui l'a acheté ?...

LE DUC.

Bah ! tu songes à tout ! Ventregois ! j'étais plus amoureux que cela à ton âge.

LE CHEVALIER.

C'est parce que j'aime, que cette idée m'est insupportable, odieuse !... Oh ! jamais... jamais !...

LE DUC.

Eh bien ! mon Dieu, si ce n'est que cela, ne sais-tu pas que les femmes ont mille ruses pour retarder, pour ajourner indéfiniment le bonheur d'un mari ? Allons, Julie est une femme d'esprit... Tu lui en donneras plus encore.

LE CHEVALIER.

Ah ! ne vous faites pas un jeu de mon délire ! Je ne suis qu'un pauvre enfant sans expérience, mais éperdument amoureux... Ne m'ôtez pas le courage, car vous ne pouvez plus me donner le bonheur.

LE DUC.

Voici la voiture de la mariée dans la cour...

Mais il me semble que le mari est avec elle ! Va-t'en.

LE CHEVALIER, *égaré.*

Fuir devant lui?... N'ai-je pas le droit, comme cousin de Julie, de venir faire mon compliment ici, chez ma tante? Soyez tranquille, je suis calme, je suis glacé !

LE DUC.

Et tu dis cela du ton d'un homme qu'on va mener aux Petites-Maisons !... Allons, songe que le mari ne sait rien, et ton désordre lui apprendrait tout... Viens avec moi. Je ne te quitte pas d'un instant.

(*Il l'entraîne par une petite porte conduisant aux appartements intérieurs.*)

SCÈNE IV.

JULIE, en costume de mariée des plus magnifiques, LA MARQUISE, fort parée, SAMUEL BOURSET, en habit écrasé de broderies. Julie, chancelante et pâle, est soutenue d'un côté par sa mère, de l'autre par son mari. Ils l'approchent d'un fauteuil où elle se laisse tomber.

LA MARQUISE.

Eh bien ! ma fille, n'êtes-vous pas mieux?

JULIE, *d'une voix éteinte.*

Non, ma mère.

SAMUEL, *lui tapant dans les mains.*

Ma chère demoiselle, reprenez courage.

(*Julie retire ses mains avec horreur.*)

LA MARQUISE.

Allons, monsieur, laissez-nous un peu ensemble... Vous voyez que ma fille est malade.

SAMUEL.

Je vous aiderai à la soigner.

LA MARQUISE.

Eh! cela ne vous regarde pas.

SAMUEL.

Si fait.

JULIE.

Monsieur!... je voudrais être seule avec ma mère...

SAMUEL.

Je ne m'éloignerai pas dans l'état où je vous vois.

LA MARQUISE.

Mais vous êtes nécessaire chez vous. Tout

notre monde y arrive en ce moment, et il n'y a personne pour recevoir. Voulez-vous qu'on trouve chez vous *visage de bois* un jour de noce?

SAMUEL.

Oh! mes gens sont là, j'en ai beaucoup, et des mieux stylés.

LA MARQUISE.

C'est peut-être l'usage dans votre monde que les valets remplacent le maître; mais, dans le nôtre, cela ne se fait pas, mon cher.

SAMUEL.

En ce cas, madame la marquise, vous aurez la bonté de remonter dans ma voiture et d'aller faire les honneurs de mon hôtel, car pour moi je reste auprès de ma femme.

LA MARQUISE.

De votre femme?... Eh! vous êtes bien pressé de lui donner ce nom.

JULIE.

Ma mère, ne me quittez pas!

SAMUEL.

Je vous en supplie, n'ayez pas peur de moi, madame... madame Bourset!...

LA MARQUISE.

Elle s'appelle de Puymonfort, monsieur! et elle vous a épousé à condition de ne pas perdre son nom.

SAMUEL.

Ah! ce n'est pas comme moi, qui l'ai épousée à condition de perdre le mien.

LA MARQUISE.

On le sait bien... Allons! voilà ma fille qui s'évanouit... Allez donc appeler sa femme de chambre.

SAMUEL.

Je sonnerai, ce sera plus tôt fait.

JULIE, *bas à la marquise.*

Ah! ma mère, quel supplice!

LA MARQUISE, *de même.*

Le duc!... nous voilà sauvées.

SCÈNE V.

LE DUC, LA MARQUISE, JULIE, SAMUEL.

LE DUC.

Quoi! monsieur, Julie en cet état? Et vous êtes ici, M. de Puymonfort?

SAMUEL, *à part.*

A la bonne heure, voilà un homme qui ne craint pas de s'écorcher la langue... (*Haut.*) Eh bien! M. le duc, n'est-ce pas ma place?

LE DUC.

Pas encore, mon cher ami. Vous tourmentez la pudeur de votre femme... Allons! un homme comme vous sait son monde! Laissez cette enfant avec sa mère. Elles ont à se dire des choses que vous n'êtes pas censé deviner. (*Il passe son bras familièrement sous celui de Samuel et l'emmène.*)

SAMUEL, *à part.*

Celui-là me flatte... hem! je ne m'en vas pas pour longtemps. (*Ils sortent.*)

SCÈNE VI.

JULIE, LA MARQUISE, puis LE CHEVALIER.

JULIE.

Ah! j'en mourrai... Cet homme me fait horreur!

LA MARQUISE.

Il t'aime beaucoup, mon enfant, et son empressement le rend indiscret. Il faudra lui apprendre à vivre, et ce sera un excellent mari.

JULIE, *pleurant.*

Et Léonce!... (*Le chevalier sort du cabinet et se jette à ses pieds.*)

LA MARQUISE.

Mes enfants, mes enfants! ayez du courage!

LE CHEVALIER.

Vous ne voulez pas qu'elle meure? Vous ne la livrerez pas à ce rustre! Ah! Julie, je le tuerai plutôt!

LA MARQUISE.

Eh! pour Dieu, ne parlez pas si haut. M. Bourset est ici près... J'entends sa voix. (*Elle court fermer la grande porte du salon en dedans.*)

JULIE.

Léonce, il faut nous séparer à jamais.

LE CHEVALIER.

Est-ce vous qui l'ordonnez?... Non, Julie, ce n'est pas toi!

(*Il l'entoure de ses bras.*)

JULIE.

Mon Dieu!

(*On entend tousser.*)

LA MARQUISE.

Ah! c'est la grosse toux de ce Bourset! Sauvez-vous, Léonce! (*Le chevalier se relève et veut tirer son épée.*) Y songes-tu, malheureux enfant? Veux-tu donc perdre ma fille? Et vite! et vite!

(*Elle le pousse vers une des petites portes de dégagement. Bourset tousse encore.*)

LE CHEVALIER, *exaspéré.*

Julie!

JULIE, *hors d'elle-même.*

Ne crains rien, Léonce! Cache-toi, nous nous reverrons bientôt. Ma mère, je le veux, je veux lui dire adieu, une dernière fois, devant vous.

LE CHEVALIER.

Mais cet homme?...

JULIE.

Ne crains rien, jamais, jamais! (*Elle se lève et le pousse aussi vers la porte.*)

LE CHEVALIER.

Nous nous reverrons? Oh! dis-le-moi, ou je brave tout. Je ne puis te quitter ainsi!

JULIE.

Oui, nous nous reverrons ; la conduite de cet homme me pousse à bout.

(*Bourset rentre par une autre porte de dégagement, pendant que Julie et la marquise entraînent le chevalier par la porte opposée et lui tournent le dos.*)

LA MARQUISE, *à sa fille.*

Je vais le cacher dans ma chambre, car je suis sûre que Bourset nous espionne. (*Elle sort avec le chevalier.*)

JULIE, *leur parlant encore sur le seuil de la porte de gauche.*

Et revenez vite près de moi, ma mère, car il va venir m'obséder de sa présence. (*Elle se retourne, trouve Samuel debout devant elle, et reste muette d'effroi. Aussitôt Samuel, qui a déjà eu soin de refermer la porte par laquelle il vient d'entrer, va à celle par où vient de sortir le chevalier, et la ferme aussi, puis il met tranquillement les deux clefs dans sa poche. Julie s'élance vers la grande porte pour s'enfuir et la trouve fermée.*)

SAMUEL.

Oh ! cette clef-là, votre mère l'a dans sa poche.

JULIE.

Quelle est cette inconvenante plaisanterie? Je veux être seule avec ma mère, je vous l'ai déjà dit, monsieur. (*Elle veut s'approcher d'une sonnette, Samuel lui barre le chemin, la salue et lui offre une chaise.*)

SAMUEL.

Je suis charmé que vous vous portiez mieux. Comme vous vous êtes promptement remise sur pied! C'est merveille de voir comme les couleurs vous sont vite revenues.

JULIE.

Laissez-moi.

SAMUEL.

La la, je ne vous regarde seulement pas. Quelle mouche vous pique?

JULIE.

Mais pourquoi m'enfermez-vous ainsi? Nous n'avons rien à nous dire.

SAMUEL.

Si fait, si fait, nous avons à causer.

JULIE.

Je n'y suis nullement disposée.

SAMUEL.

Je suis sûr que vous l'êtes au contraire, et que le nom seul de la personne dont j'ai à vous entretenir va vous donner de l'attention.

JULIE.

Que voulez-vous dire ?

SAMUEL, *lui offrant toujours la chaise.*

Asseyez-vous.

JULIE.

Non, dites tout de suite, je ne m'assoirai pas.

SAMUEL, *s'asseyant.*

A votre aise ! quant à moi, j'ai tant couru ces jours-ci pour vos cadeaux de noces, que je n'en puis plus.

JULIE, *à part.*

Oh ! quel supplice !...

SAMUEL.

Vous avez un parent qui vous intéresse ?

JULIE, *troublée.*

J'en ai plusieurs, ma famille est nombreuse, et, quoique pauvre, elle est encore puissante, monsieur.

SAMUEL.

Je le sais, c'est à cause de cela que j'ai voulu en faire partie ; ainsi donc vous avez, c'est-à-dire, *nous avons* un cousin.

JULIE, *tremblante.*

Eh bien! que vous importe?

SAMUEL.

Il m'importe beaucoup, parce que premièrement il est mon parent, et qu'en second lieu il est mon débiteur.

JULIE.

Votre débiteur?

SAMUEL, *tire des papiers de sa poche et les déroule lentement.*

Il a eu le malheur d'emprunter, du vivant de M. le baron de Puymonfort son père, qui ne lui donnait pas beaucoup d'argent (et pour cause), la somme de quatre cents et *tant* de louis à un capitaliste de mes amis, lequel m'a cédé sa créance pour se libérer envers moi d'une somme égale...

JULIE.

Abrégeons, monsieur. Si c'est pour me parler d'affaires que vous me retenez ici contre ma volonté, le procédé est au moins bizarre ; et si le chevalier de Puymonfort, mon cousin, est votre débiteur, il s'acquittera envers vous : cela ne me regarde pas. Laissez-moi sortir.

SAMUEL.

Un petit moment, un petit moment ! ceci vous regarde plus que vous ne pensez. Le chevalier est insolvable.

JULIE.

Ma famille se cotisera pour ne rien vous devoir.

SAMUEL.

Ah bien oui ! votre famille !... si entre vous tous vous aviez pu réunir cinq cents louis, vous ne m'auriez pas épousé.

JULIE, *outrée.*

C'est possible ! Après ?

SAMUEL.

Après !... comme j'ai droit à être payé, j'ai pris des sûretés, et voici une lettre de cachet que le ministre de Sa Majesté, plein de bontés pour moi, a bien voulu me délivrer contre ce bon chevalier.

JULIE.

Quoi ! vous n'avez pas reculé devant une pareille violence ? Vous, à la veille de votre mariage, vous avez sollicité une lettre de cachet contre un des membres de la famille où vous alliez entrer ?

SAMUEL.

Et je m'en servirai le jour même de mon mariage, si la famille dans laquelle j'ai l'honneur d'être admis ne fait pas ma volonté.

JULIE.

Votre volonté !... oh ! il est facile de vous contenter. Le chevalier a des protecteurs aussi, monsieur ! Le duc, notre ami intime, ne souffrira pas... vous serez payé.

SAMUEL.

Et si je ne veux pas l'être ?

JULIE.

Mais que voulez-vous donc ?

SAMUEL.

Si je veux faire mettre tout bonnement le chevalier à la Bastille ? Une lettre de cachet n'est pas toujours un mandat de prise de corps pour dettes, c'est aussi parfois un ordre absolu, motivé par le bon plaisir de qui le donne, et exécuté selon le bon plaisir de qui s'en sert, eh ! eh !

JULIE.

Si votre bon plaisir est de vous déshonorer...

SAMUEL.

Oui-da, madame ma femme ! Ici les rieurs seraient de mon côté. Diantre !... un mari qui le jour de ses noces fait embastiller l'amant de sa femme, ce n'est pas si bête, eh ! eh !

JULIE.

Ah ! vous m'outragez, monsieur ! et votre brutalité m'autorise à rompre dès à présent avec vous. Je suis encore chez moi, sortez d'ici ! laissez-moi ! Jamais je n'aurai rien de commun avec un homme tel que vous !

(*On essaye d'ouvrir la porte par laquelle sont sortis la marquise et le chevalier. Julie veut se lever.*)

SAMUEL, *la retenant.*

Un petit moment, s'il vous plaît. Le chevalier est dans la maison... Oh! je la connais, la maison : ici, un cabinet qui n'a qu'une porte donnant dans la chambre de votre mère ; et puis, la chambre de votre mère, où est maintenant le chevalier, laquelle chambre a une sortie sur le vestibule, dont j'ai aussi la clef dans ma poche. J'ai beaucoup de clefs ! Et une autre sortie sur le petit escalier, au bas duquel il y a quatre laquais à moi, postés avec des armes. Je ne voudrais pas qu'il arrivât malheur à ce pauvre chevalier... ni vous non plus?...

JULIE.

Oh! monsieur... au nom du ciel!...

SAMUEL.

N'ayez pas peur, mignonne, je ne suis pas méchant quand on ne me pousse pas à bout. Allez dire à votre maman, par le trou de la serrure, que vous voulez causer encore avec moi un petit instant.

(Julie s'élance vers la porte, Samuel la suit et se place à côté d'elle pour entendre les paroles qu'elle échange avec sa mère.)

LA MARQUISE, *derrière la porte, frappant avec impatience.*

Julie! Julie! êtes-vous seule?

SAMUEL, *parlant très-haut.*

Je suis avec ma femme, et je désire lui parler sans témoins. C'est son intention aussi.

LA MARQUISE, *dehors.*

Ce n'est pas vrai.

SAMUEL.

Si fait. (*A Julie.*) Dites donc, madame...

JULIE.

Ma mère, je suis à vous dans l'instant.

LA MARQUISE, *d'un ton d'étonnement, toujours dehors.*

Ah! vraiment, ma fille?

(*Samuel serre avec force le bras de Julie, et la regarde fixement.*)

JULIE, *épouvantée.*

Oui, vraiment, ma mère!

LA MARQUISE, *dehors.*

J'attends!

SAMUEL, *ramenant Julie à son fauteuil, où elle tombe accablée.*

Maintenant, ma colombe, calmez-vous; il ne sera fait aucun mal à votre bon petit cousin. Je n'exigerai même pas qu'il paye ses dettes. Je lui fais grâce. Je suis généreux, moi, quand c'est mon intérêt. Mais voyez-vous, il faut qu'il parte aujourd'hui, tout de suite, et pour tout de bon.

JULIE.

Il partira, monsieur; mais je suis bien aise de

vous dire que c'est la première et la dernière de vos volontés que je subirai.

SAMUEL.

Vous vous abusez, mon enfant, vous les subirez toutes; et pour commencer, ouvrez cette porte. (*Julie se lève indignée, et le toise avec hauteur.*) Si vous n'ouvrez pas cette porte, j'ouvrirai cette fenêtre, et je jetterai cette clef à mes laquais, qui sont au bas du petit escalier, afin qu'ils entrent, et qu'ils se saisissent du chevalier dans la chambre de votre mère.

(*Julie, terrassée, va ouvrir la porte à sa mère. Samuel la suit, et la tient fascinée sous son regard. — La marquise, entrant, les regarde tour à tour d'abord avec effroi, puis avec surprise, et finit par éclater de rire.*)

JULIE, *se cachant le visage.*

O ma mère! ne riez pas.

LA MARQUISE, *riant toujours.*

Eh bien! eh bien! ma pauvre enfant... Il n'y a pas de mal à cela!...

(*Elle rit encore.*)

SAMUEL.

N'est-ce pas que c'est drôle? Et le chevalier?...

(*Il rit aux éclats.*)

LA MARQUISE, *reprenant son sérieux.*

Comment!... le chevalier ?... (*Elle regarde Samuel attentivement ; puis elle part encore d'un grand éclat de rire.*) Eh bien ! le tour est parfait ! (*Elle tend la main à Samuel.*) Mon gendre, je vous rends mon estime !

JULIE.

Ah ! c'est odieux !

(*Elle pâlit et chancelle.*)

SAMUEL, *bas en la soutenant.*

Je n'entends pas que vous vous évanouissiez, entendez-vous bien ? (*Haut.*) Ma chère marquise, je ne suis pas si mal élevé que vous pensiez. Je ne veux pas enfoncer le poignard dans le cœur de ce pauvre chevalier au moment de son départ... Il est amoureux de sa cousine !... Ce n'est pas à moi de m'en étonner ; mais Julie vient de m'ôter, par une sincère explication et d'aimables promesses, tout sujet de jalousie, et je désire qu'elle lui fasse ses adieux ici, tout de suite, sans mystère et de bonne amitié... Appelez-le, je vous prie.

LA MARQUISE.

Le voulez-vous, Julie ?

JULIE *hésite, rencontre le regard de Samuel, et dit en s'efforçant de sourire :*

Je vous en prie, maman.

(La marquise sort.)

SAMUEL.

Je veux qu'il reçoive son congé sur l'heure... Et croyez bien qu'il ne sera pas perdu de vue un instant jusqu'à ce qu'il ait mis le pied sur le navire qui doit l'emmener en Amérique.

JULIE, *accablée.*

Vous serez obéi !

(On frappe. Samuel va ouvrir. Tandis que le duc entre par la grande porte, la marquise et le chevalier entrent par la petite. Le chevalier fait quelques pas avec impétuosité vers Julie ; puis, voyant Samuel, il s'arrête stupéfait et se retourne d'un air d'interrogation et de reproche vers la marquise qui essaye de tenir son sérieux et rit sous cape de temps en temps.)

LE DUC.

Ah çà ! Je ne conçois rien à ce qui se passe ici, et je ne sais à quoi vous pensez tous. Comprend-on un jour de noces où toute la famille attend les mariés dans une maison, tandis qu'ils s'amusent à babiller dans l'autre ?... M. de Puymonfort, votre majordome envoie ici message sur message pour vous dire que votre hôtel est plein de monde et qu'il ne sait où donner de la tête, et vous êtes inabordable...

SAMUEL.

Ma mère est là, qui ne s'en tirera pas mal... C'est une femme qui n'est pas sotte.

LA MARQUISE, *à part.*

Et qui a une jolie tournure !
(*Elle se contient un instant, puis éclate de rire.*)

LE CHEVALIER, *avec amertume.*

Vous êtes fort gaie, ma tante !
(*La marquise passe auprès du duc et lui parle bas.*)

LE CHEVALIER, *bas à Julie.*

Que se passe-t-il, Julie ? Mon Dieu !

JULIE, *bas.*

Vous devez partir à l'instant même, et ne me revoir jamais.

SAMUEL, *passant entre eux.*

M. le chevalier, je suis tout à vous. Ma femme vient de m'ouvrir son cœur, et de me dire que vous désiriez prendre congé d'elle. Je suis heureux de trouver cette occasion pour vous offrir mes petits services... Vous partez ? Une de mes voitures et plusieurs de mes gens sont à votre disposition... Vous êtes gêné d'argent? m'a-t-on dit. Mes correspondants ont déjà reçu avis de tenir des fonds à votre ordre dans toutes les villes où vous voudrez séjourner, tant en France qu'à l'étranger.

LE CHEVALIER, *avec hauteur.*

C'est trop de grâces... Je n'en ai que faire.

SAMUEL, *lui offrant un portefeuille.*

Vous voulez de l'argent comptant?

(*Le chevalier jette le portefeuille à terre avec un mouvement de fureur.*)

SAMUEL *le ramasse tranquillement, l'ouvre, et en tire un papier qu'il lui présente.*

Puisque vous ne voulez rien me devoir, reprenez donc ce petit effet au porteur de quatre cent vingt-cinq louis, qui a été passé à mon ordre par Isaac Schmidt, échéable au 15 octobre 1703, c'est-à-dire après-demain.

LE CHEVALIER, *le repoussant avec indignation.*

J'acquitterai cette dette, monsieur, n'en doutez pas.

SAMUEL, *remettant le papier dans sa poche.*

A votre aise!... Maintenant, je vous présente

le bonjour, et vous souhaite un bon voyage. Ma femme vous en souhaite autant et vous fait ici ses adieux.

(*Il s'éloigne d'un pas, mais sans les perdre de vue.*)

LE CHEVALIER, *à Julie.*

Ainsi vous trahissez jusqu'au secret, vous effacez jusqu'au souvenir de notre amour!

JULIE.

Partez! il le faut.

LE CHEVALIER.

Oh! malédiction sur vous!

(*Il veut se retirer par la petite porte.*)

SAMUEL, *se rapprochant.*

Pas par ici, les portes sont closes. Si vous voulez donner le bras à ma femme jusqu'à la voiture, vous sortirez par la grande porte.

(*Le chevalier jette à Julie un regard d'indignation, à Samuel un regard de mépris, et s'élance dehors avec impétuosité.*)

SAMUEL, *bas, prenant le bras de Julie.*

Allons! ferme sur les jambes! marchons!

JULIE.

Et la lettre de cachet! ne la déchirez-vous pas?

SAMUEL.

Nous verrons cela demain.

LA MARQUISE, *moitié triste, moitié gaie, prenant le bras du duc et les suivant.*

N'est-ce pas incroyable?... Comment ce Bourset a-t-il pu s'emparer si vite de sa confiance?

LE DUC.

Ce n'est pas malhabile de la part de Julie. Le chevalier, furieux et passionné, eût pu la compromettre par ses clameurs involontaires. Elle lui ferme la bouche en prenant son mari pour rempart; c'était le meilleur parti à prendre.

LA MARQUISE.

Pauvre chevalier!

LE DUC.

Pauvre Bourset, peut-être!

FIN DU PROLOGUE.

LES
MISSISSIPIENS.
PROVERBE.

PERSONNAGES.

LA MARQUISE.
LE DUC.
JULIE.
SAMUEL BOURSET, devenu comte de Puymonfort.
LOUISE, fille de Samuel et de Julie.
GEORGE FREEMAN, voyageur américain.
LUCETTE, fille du jardinier, sœur de lait de Louise.
LE DUC DE LA F***.
LE COMTE DE HORN.
LE DUC DE M***.
LE COMTE DE ***.
LE MARQUIS***.
PLUSIEURS AUTRES PERSONNAGES DE QUALITÉ.

ACTE PREMIER.

(La maison de campagne de Samuel Bourset, à quelques lieues de Paris. — Dans les jardins, une tente décorée pour la fête.)

SCÈNE PREMIÈRE.

LA MARQUISE, LE DUC.

LA MARQUISE.

Eh ! voyez, mon cher duc, comme ceci est galant ! quelle riche décoration ! partout le chiffre de Julie enlacé par des fleurs à celui de mon gendre, des guirlandes, des écussons, des draperies ! Sur ces gradins en amphithéâtre se placera l'orchestre. Ma fille et son mari seront sur cette belle estrade. C'est ici qu'ils couronneront la rosière. Et, avec cela, un temps magnifique. Oh ! toute la cour y sera ! Je parierais gros que le régent lui-même,... ou tout au moins une des princesses ses filles, y viendra.

LE DUC.

Eh ! pourquoi pas ? Votre gendre est fort bien en cour à l'heure qu'il est, et pour cause !... Pour qui ce fauteuil de velours à crépines d'or ?

LA MARQUISE.

Et pour quel autre que le bienfaiteur, le sauveur, le prestidigitateur écossais Law ? C'est aujourd'hui l'homme de la France. Et quelle fête un peu belle pourrait se passer de sa présence ?

LE DUC.

Quelle fortune un peu solide pourrait se passer de son appui ?

LA MARQUISE.

Cela, nous l'avons.

LE DUC.

En êtes-vous bien sûre ?

LA MARQUISE.

C'est à charge de revanche, car certainement Law n'a pas moins besoin de nos fonds que nous de son crédit.

LE DUC.

L'un me paraît plus certain que l'autre... Enfin ! ça commence magnifiquement, et je souhaite que ça finisse de même... Eh bien ! marquise, qui nous eût prédit, le 13 octobre 1703, que nous célébrerions aussi gaiement et avec autant d'éclat, en l'an de grâce 1719, l'anniversaire du mariage de Julie? Ce mariage ne s'annonçait pourtant pas sous d'heureux auspices; tout était larmes et désespoir, gémissements et syncopes, quand nous conduisions la victime à l'autel. Le soleil même ne brillait pas comme aujourd'hui ; ce qui n'empêchait pas que mes jambes ne me fissent moins mal... Ah ! j'éitas encore jeune alors.

LA MARQUISE.

Vous le serez toujours.

LE DUC.

C'est pour que je vous en dise autant, railleuse?

LA MARQUISE.

Non-seulement cela, mais je prétends ne jamais mourir.

LE DUC.

Je crois bien ! qui est-ce qui meurt?

LA MARQUISE.

Ah ! ce pauvre chevalier pourtant !... Savez-vous que depuis cinq ans je n'ai pas passé un seul anniversaire de ce singulier mariage sans penser à lui?

LE DUC.

Femme sensible ! vous avez pensé à lui *à tout le moins une fois l'an !*

LA MARQUISE.

Et je n'ai jamais passé un anniversaire du jour où j'ai appris sa mort sans faire dire une messe pour le repos de son âme.

LE DUC.

Bonne tante ! cela fait cinq messes ! Et Julie, combien de pensées a-t-elle eues pour lui ? Combien de messes a-t-elle fait dire ?

LA MARQUISE.

Julie ?... Elle a donné le jour à cinq enfants.

LE DUC.

C'est beaucoup trop ! (*Prenant du tabac.*) Heureusement il y en a quatre de morts !

LA MARQUISE.

Pauvres enfants ! Tenez, duc, Julie est un modèle d'amour conjugal ; mais il semble que cela l'ait empêchée de bien connaître l'amour maternel. Moi, je pleure encore mon neveu...

LE DUC.

Quand vous y pensez ?

LA MARQUISE, *babillant toujours sans faire attention aux sarcasmes du duc.*

Et elle, il semble qu'elle ait oublié les siens comme s'ils n'avaient jamais existé. Vraiment elle n'aime au monde que M. Bourset.

LE DUC, *ironiquement.*

Ah! c'est bien naturel!

LA MARQUISE.

N'en riez pas, c'est incroyable comme cet homme-là s'est décrassé depuis son mariage.

LE DUC.

Je crois bien, il a usé beaucoup de savon!

LA MARQUISE.

De savonette à vilain, vous nvoulez dire? car le voilà comte décidément. Samuel Bourset, comte de Puymonfort! Quel drôle de temps que celui-ci! Enfin c'est un homme qui a du savoir-faire que mon gendre, n'en dites pas de mal!

LE DUC.

Je n'en dis pas de mal, chère marquise; c'est un homme habile et probe en même temps. Sa réputation est bien établie, et votre fille a fait sagement de l'épouser, quoiqu'il ne soit pas aimable.

LA MARQUISE.

Oh ! c'est que Julie est sage, trop sage peut-être.

LE DUC.

Plus sage que vous ne l'étiez à son âge, *mon cœur!*

LA MARQUISE, *ironiquement.*

Et plus que vous ne souhaiteriez.

LE DUC.

Vous plaît-il de vous faire comprendre ?

LA MARQUISE.

Ah ! vous comprenez de reste, perfide ! (*Riant.*) Vieux enfant, je sais de vos folies ! Julie m'a tout conté.

LE DUC.

Eh bien ! ça n'a pas dû lui coûter beaucoup de peine.

LA MARQUISE.

Elle en riait aux larmes et moi aussi. Ah çà ! vous êtes donc devenu tout à fait fou, de vouloir en conter à ma fille ?

LE DUC.

Votre fille est une coquette.

LA MARQUISE.

Et vous un fat. (*Elle rit.*)

LE DUC.

Ah! vous voilà jalouse? Il est temps de vous y prendre.

LA MARQUISE.

Vous savez bien que je ne l'ai jamais été, j'aurais eu trop à faire avec vous!

LE DUC.

Cela vous eût donné la peine d'aimer!

LA MARQUISE.

Ah! c'est joli ce que vous dites là! Mais ce n'est pas vrai. Rappelez-vous que quand je fus ruinée par les sottises de mon mari, jeune encore et faite pour briller, je me retirai du monde sans dépit et sans tristesse, et que j'allai passer les longues années du veuvage dans mon petit hôtel du Marais, bien pauvre, bien oubliée, excepté de vous, *mon bon!* et toujours aussi gaie, aussi heureuse qu'au temps de ma splendeur. Pourtant Julie s'ennuyait là bien mortellement, enviait toutes les jeunes filles qui faisaient de grands mariages, et, tout en se croyant éprise de son cousin, s'inquiétait souvent de son peu de fortune.

Enfin, la meilleure preuve qu'elle est plus calculatrice que moi, c'est qu'au lieu de se trouver malheureuse avec ce Samuel, dont la seule vue m'eût fait mourir de dégoût il y a quarante ans, elle fait bon ménage avec lui, s'attife du matin au soir, embellit au lieu de vieillir, et n'a point d'amants!

LE DUC.

Le fait est que, pour ma part, je l'ai trouvée d'une rigueur...!

LA MARQUISE.

Ah! si c'était la seule preuve!

LE DUC.

Eh! vous n'eussiez pas dit cela, il y a quarante ans!

LA MARQUISE.

Oh! c'est qu'alors vous étiez charmant!

LE DUC, *lui baisant la main.*

Et vous adorable! (*lui offrant du tabac*) il y a quarante ans!

LA MARQUISE, *prenant du tabac avec beaucoup de grâce et de propreté.*

Tâchez de ne pas séduire ma fille, entendez-vous, vieux libertin?

LE DUC.

Je tâcherai, au contraire! Pourtant je crains d'avoir aujourd'hui un rival redoutable dans la personne du philosophe.

LA MARQUISE.

Quel philosophe?

LE DUC.

Vous savez bien que c'est aujourd'hui que le fameux George Freeman fait son entrée ici.

LA MARQUISE.

Qu'est-ce donc que ce fameux George Freeman? Est-ce encore un de ces grands hommes du jour, dont personne n'a jamais entendu parler? Je ne suis pas initiée à sa célébrité.

LE DUC.

Eh bien! vous ne serez pas fâchée de l'être. Ce n'est pas un charlatan comme vos *Mississipiens*.

LA MARQUISE.

Qu'appelez-vous *Mississipiens?* J'entends parler de cela depuis quelques jours sans y rien comprendre.

LE DUC.

Ah çà! vous ne savez donc rien au monde?

Vous savez au moins que votre gendre est un des principaux agents de la grande affaire du Mississipi ?

LA MARQUISE.

Je sais fort bien qu'il est dans la nouvelle société en commandite qui se charge de fouiller dans le Mississipi, et d'en retirer de l'or en barre ; mais je n'ai jamais ouï dire auparavant que l'or se trouvât de la sorte, et qu'il n'y eût qu'à se baisser pour en prendre.

LE DUC.

Il paraît cependant que nous allons en avoir à jeter par les fenêtres. Il y a, dit-on, des mines d'or à la Louisiane. On ne les a pas encore trouvées, mais Law assure qu'on les trouvera ; et, en attendant, on en met le produit en actions, et on spécule sur les profits de l'affaire pour payer les dépenses.

LA MARQUISE.

Et si on ne trouve rien ?

LE DUC.

Les actionnaires seront ruinés, et on tâchera d'inventer quelque autre chose pour les consoler.

LA MARQUISE.

Mais Bourset ne donne pas dans ces folies ?

LE DUC.

Il y donne si bien, qu'il a pris pour un million d'actions.

LA MARQUISE.

En ce cas, l'affaire n'est pas si mauvaise que vous croyez. Law est-il vraiment là dedans ?

LE DUC.

C'est lui qui a imaginé cela pour faciliter l'émission de son papier-monnaie.

LA MARQUISE.

Mais, mon Dieu ! il nous ruinera avec de pareilles bourdes !

LE DUC.

Voilà les femmes ! Il y a un instant, vous étiez aussi sûre de lui que de votre propre existence ; et au premier mot que je vous dis en l'air, moi qui ne connais goutte à ces sortes d'entreprises (qui diable y comprendrait ?), vous voilà épouvantée et prête à accuser Law lui-même de mauvaise foi.

LA MARQUISE.

Mais que dites-vous donc ?

LE DUC.

Je dis que, s'il n'y a pas de mines, peu importe,

car Law trouvera la pierre philosophale. N'est-ce pas un magicien, un prestidigitateur, un dieu? Je ne raille pas; c'est un habile homme, qui a fait des miracles et qui en fera encore.

LA MARQUISE.

Et ce George Free... Free... Comment l'appelez-vous?

LE DUC.

Freeman ; ce qui veut dire *homme libre.*

LA MARQUISE.

Eh bien! qu'est-ce que c'est que ça?

LE DUC.

Un homme libre? Ah! c'est un animal bien étrange, et tel qu'il ne s'en est jamais vu dans ce pays-ci. L'individu en question est une sorte de quaker, habillé de brun à l'américaine, allant à pied, parlant peu et bien, ne disant et ne faisant jamais rien d'inutile, si ce n'est de prêcher la réforme à des fous et la probité à des fripons. Homme distingué d'ailleurs, doué d'un langage élevé, d'un grand sens à beaucoup d'égards, et, je le crois, un galant homme en tous points; mais fort original, rêvant et publiant sur la liberté les choses du monde les plus extraordinaires. Et puis, le bon d'Aguesseau l'a pris en grande considération, parce qu'il est fortement opposé au système de Law. Mais cela ne choque personne ; d'Argenson le tolère, Law le réfute, le régent s'en amuse. Enfin, il plaît à tout le monde, et vous le verrez aujourd'hui.

LA MARQUISE.

Ah ! j'en suis fort curieuse maintenant. J'aurais été fâchée de mourir sans avoir vu un homme sérieux dans ma vie. Et, dites-moi, est-il jeune ? est-il beau ?

LE DUC.

Il ne montre guère plus d'une trentaine d'années, peut-être en a-t-il trente-cinq ; mais il est fort bien, et Julie, qui est diablement curieuse de le voir, a envoyé coucher sa fille, sous prétexte de rhume, quoique la petite ne tousse pas plus que moi.

LA MARQUISE.

Que dites-vous là ? Vous êtes un méchant !

LE DUC.

Que voulez-vous ? On a beau être jeune et belle, on n'aime pas à avoir une fille de quinze ans à ses côtés !...

LA MARQUISE.

Allons! vous avez du dépit contre Julie, ce n'est pas bien!

(*Il sortent en causant.*)

SCÈNE II.

GEORGE FREEMAN. Costume philosophique, cheveux noirs séparés sur le front et peignés naturellement, habit brun uni sans broderie, épée à poignée d'acier; une simplicité dans les manières qui contraste avec le ton du jour; figure pâle et mélancolique.

C'est donc ici!... Partout de l'ostentation et de la prodigalité, jusque dans cette décoration d'un jour! c'est ici que je la reverrai! Me reconnaîtra-t-elle?... Et moi, moi! la reconnaîtrai-je? Mon cœur est accablé de tristesse, mais il n'est pas agité. Il me semble que l'être que j'ai aimé n'existe plus, de même que l'être que j'ai été s'est effacé comme un rêve dans le passé!

(*Il s'assied sur les gradins de l'orchestre.*)

SCÈNE III.

LOUISE, LUCETTE. Louise est habillée en villageoise comme Lucette, elles entrent sans voir George.

LUCETTE.

Comme vous trottez vite dans ces habillements-là ! Convenez, mamselle, qu'on est bien mieux à l'aise que dans vos belles robes de damas, et qu'on se sent toute dégagée pour courir. Mais, comme vous êtes *brave* là-dessous ! ça vous va comme des plumes à un oiseau; on dirait que vous n'avez jamais été autrement !

LOUISE.

N'est-ce pas qu'il est impossible de me reconnaître ?

LUCETTE.

Je ne vous reconnais pas moi-même. Qui êtes-vous donc, *jeunesse?* Je ne vous connais point; vous n'êtes donc pas d'ici ?

LOUISE, *l'imitant.*

J'suis d'la Bourgogne, dame ! j'm'appelle... attendez ! j'm'appelle... Jacqueline.

LUCETTE.

Oh ! comme vous dites bien ça ! Vrai, d'honneur ! votre maman vous parlerait qu'elle ne vous reconnaîtrait point !

LOUISE, *tressaillant.*

Maman ! ah ! ne m'en parle pas ! Quand j'y pense, la peur me prend, et toute ma gaieté s'en va.

GEORGE, *à part.*

C'est singulier ! Quelle est donc cette jeune fille ? (*Il l'examine avec attention.*)

LUCETTE.

N'ayez point peur, mamselle ; elle vous croit bien enfermée dans votre chambre. Est-ce qu'elle pourrait s'imaginer que j'ai été querir l'échelle avec quoi que mon père taille ses espaliers ? Et puis, y aura tant de monde ! Dame ! nous n'irons pas nous mettre au premier rang. Nous nous cacherons comme ça dans la foule du monde ; ou bien, tenez, nous monterons là-haut, tout en haut des échafauds, derrière la musique. C'est là que j'étais l'an dernier. C'est la meilleure place, et personne ne vous ira chercher par là. Tenez ! venez voir comme on y est bien perché !

(*Louise veut suivre Lucette qui grimpe sur les échafauds, mais elles se trouvent face à face avec George, et s'arrêtent.*)

LUCETTE.

Ah ! mon Dieu ! mamselle, v'là un homme qui nous regarde drôlement.

LOUISE.

Voyons s'il nous connaît. Bonjour, mon brave homme, que demandez-vous ?

GEORGE.

Vous ne m'offensez pas en me prenant pour un artisan, j'en ai presque l'habit; mais moi, je vous offenserais sans doute en vous prenant pour une villageoise ?

LOUISE.

Oh ! mon Dieu, pas du tout. Je voudrais bien l'être toujours. Mais, puisque vous voyez que je suis déguisée, ne me trahissez pas, je vous en prie.

GEORGE.

Il me serait bien difficile de vous trahir, puisque je ne vous connais pas.

LUCETTE.

Ah ! monsieur, c'est égal. Vous pourriez quelque jour voir mademoiselle Louise de Puymonfort, la fille à M. le comte Bourset, et dire comme ça, devant madame ou devant monsieur :

« Tiens ! voilà cette petite paysanne que j'ai vue à la fête !... » Il ne faudra rien dire, entendez-vous, monsieur ? Ça nous ferait de fâcheuses affaires, da.

GEORGE, *regardant Louise fixement.*

Ainsi, vous êtes leur fille ?

LOUISE, *bas à Lucette.*

Comme il me regarde !

LUCETTE.

Dame ! c'est bien le cas de dire : Il vous regarde comme queuque-z'un qui ne vous a jamais vue.

GEORGE, *à part.*

Comment faire connaissance avec elle ? La gronder. C'est un moyen... avec les enfants. (*Haut à Lucette.*) Si c'est vous qui avez conseillé à mademoiselle de Puymonfort de désobéir à sa mère, et de se mêler à la foule qui va venir ici, sans autre mentor que vous, vous avez commis une grande faute, et vous mériteriez bien que je vous fisse renvoyer pour ce fait-là, comme une petite soubrette de mauvaise tête et de mauvais conseil que vous êtes.

LUCETTE, *toute fâchée.*

Eh ! voyez-vous comme me traite ce monsieur-là ? Vrai, que je ne le connais ni d'Ève, ni d'Adam, et qu'il n'est jamais venu au château. On voit ben que vous n'êtes point fréquentier de la maison, car vous sauriez que je ne suis point fille de chambre, mais que je suis Lucette, la fille au jardinier, la petite-fille au vieux Deschamps, à qui M. le duc fait une pension, et la sœur de mamselle Louise, qui pis est ; et si vous dites du mal de moi, on ne vous croira point.

LOUISE, *souriant.*

Mais si tu prends soin de l'informer de tout ce qui nous concerne, il n'aura pas grand'peine à nous trahir. Allons, tais-toi ! (*A George.*) Monsieur, excusez-la, et quoi qu'il arrive, que vous connaissiez ou non mes parents, ne la faites pas gronder : c'est moi qui mérite tout le blâme, et je vous remercie de la leçon que vous venez de me donner.

GEORGE, *lui prenant la main avec vivacité.*

Ah ! croyez, mademoiselle, que j'ai quelque droit à vous avertir et à vous protéger... (*se contenant*) car mes intentions sont bonnes, et vous m'inspirez autant d'intérêt que de respect.

LOUISE, *tristement.*

C'est donc la première fois de ma vie que j'inspire ces sentiments-là... Je vous en remercie.

GEORGE, *ému.*

Que dites-vous?... N'avez-vous pas une mère? (*Louise baisse la tête.*)

LUCETTE.

Oh! si celle-là aime ses enfants, j'irai le dire à Rome. Elle aime son mari, voilà tout ce qu'elle aime; et elle a raison, car c'est un brave et digne homme qui veut le bien à tout le monde. Mais elle a tort de haïr sa fille... car enfin, mamselle Louise est bonne.... y n'y a rien de bon au monde comme mamselle Louise! Vous voyez bien, monsieur: vous lui faites des remontrances, et elle vous remercie. Quand on prend les gens par la douceur, à la bonne heure! mais quand on les déteste sans qu'ils sachent seulement pourquoi...

LOUISE, *qui a essayé en vain plusieurs fois de faire taire Lucette, l'interrompt enfin en lui mettant la main sur la bouche.*

Taisez-vous, Lucette. Oh! fi! ce que vous dites là est affreux.

GEORGE, *à Louise, d'un ton affectueux.*

Vous avez raison; ne laissez jamais parler ainsi devant vous de votre mère; cela doit vous faire bien du mal?

LOUISE.

Vous n'avez rien entendu, monsieur ; d'ailleurs, elle a menti.

GEORGE.

Ne craignez rien de moi ; mais craignez que votre présence à la fête sous ce déguisement n'inspire à tout le monde les mêmes idées qu'à cette jeune folle, car espérer qu'on ne vous reconnaîtra pas est un rêve d'enfant : il suffira d'une seule personne...

LOUISE.

Eh bien ! vous avez raison ; je n'avais songé, en écoutant le conseil de Lucette, qu'au danger d'être grondée, punie, et celui-là je le bravais ; mais celui de faire penser mal de maman, vous m'y faites songer, et je m'en vais... Adieu, monsieur !

LUCETTE, *avec un gros soupir.*

Adieu, monsieur !

GEORGE.

Vous teniez donc bien toutes les deux à voir cette fête ? Ne devez-vous pas être rassasiées de ces sortes de spectacles, au milieu du luxe qui règne autour de vous ?

LUCETTE.

Oh bien oui ! nous n'en jouissons guère ! Dès qu'on s'amuse, ou nous renvoie ; dès que nous avons envie de nous amuser, on nous enferme.

LOUISE.

N'écoutez pas ce qu'elle dit, et ne croyez pas que j'aie aucun regret à ces plaisirs. J'en suis dégoûtée sans les avoir connus, car je sais ce qu'ils coûtent de fatigues à ceux qui les préparent ; mais j'avais une idée, aujourd'hui, une idée sérieuse, je vous assure, en venant ici.

GEORGE.

Dites-la-moi ?

LUCETTE, *à part.*

Oh ! qu'il est sans façons ! il fait comme ça le vertueux, mais je suis sûre que c'est un *tartufe*, ça m'a tout l'air d'un prêtre déguisé !

LOUISE, *après avoir hésité un instant.*

Je veux bien vous la dire ; pourquoi pas ? Je voulais voir une personne !...

GEORGE, *souriant.*

Ah ! c'est différent. (*A part.*) Je commence à comprendre.

LUCETTE.

Bah ! ça n'est pas du tout comme vous vous imaginez; nous voulions voir... comment s'appelle-t-il donc, mamselle, celui que nous voulions voir ?

LOUISE, *à George.*

Peut-être le connaissez-vous : le philosophe, l'Américain,... celui qui a fait du bien à la Louisiane, et qui a publié des écrits contre l'esclavage ?... Moi, j'en ai lu un de ces écrits, et c'est la seule fois que j'aie lu quelque chose de sérieux. Pourtant je l'ai compris; du moins, il me semble; car j'ai pensé, pour la première fois, qu'il y avait bien des misères dans ce monde, des infortunes dignes de pitié, et des richesses dignes de mépris. Je ne savais pas ces choses-là; eh bien ! c'est le livre de George Freeman qui me les a apprises.

GEORGE.

George Freeman ?

LOUISE.

Ah ! vous le connaissez ? Que vous êtes heureux !

LUCETTE.

Vous lui direz bien des choses de not' part.

Moi aussi, j'en ai lu, de son livre, car je sais lire ; c'est mamselle Louise qui m'a enseignée, et j'ai compris deux ou trois lignes, par-ci, par-là, qui sont, ma fine, bien tapées.

GEORGE, *à Louise.*

Eh bien! puisque vous ressentez quelque sympathie pour ce George Freeman, si vous voulez bien le permettre, je vous le présenterai quelque jour devant vos parents.

LOUISE.

Il n'y faut pas songer : maman ne veut pas qu'on me voie, encore moins lui qu'un autre.

GEORGE.

Et pourquoi donc?

LOUISE, *ingénument.*

Ah! je ne sais pas!

LUCETTE, *passant de l'autre côté de George, et lui parlant bas.*

Parce qu'on dit comme ça qu'il est bel homme, et que madame a peur qu'il ne s'amourache de sa fille, au lieu de s'amouracher d'elle.

LOUISE.

Allons! n'y pensons plus! Vous lui direz seulement qu'il y a une petite fille qui... Non! ne lui dites rien, que lui importe?

GEORGE, *ému*.

Dites toujours, je ne le lui redirai pas.

LOUISE.

Eh bien! je voulais dire qu'il y a une petite fille qui peut-être ira passer le reste de ses jours dans un couvent, car tous les autres hommes lui paraissent fous ou méchants! Adieu, monsieur!

GEORGE, *ému*.

Un mot encore! un instant! personne ne vient!

LUCETTE.

Si fait, voilà justement M. le comte dans la grande allée avec du monde! Eh vite! mamselle Louise, par ici!...

LOUISE.

Par ici? Il en vient encore!

LUCETTE.

En ce cas, par là! sous l'estrade! Tenez, c'est creux, sous ce rideau!

LOUISE, *revenant sur ses pas.*

O mon Dieu ! maman ! Ah ! je suis perdue si elle me voit !

(*Elle se cache sous l'estrade avec Lucette.*)

GEORGE.

Comme elle la craint ! Oh ! la peur règne donc toujours ici !... Que vois-je ?...

(*Il hésite un instant, puis fait un effort et se décide à passer auprès de Julie qui ne fait pas attention à lui. Il disparaît parmi les arbres.*)

SCÈNE IV.

JULIE, *toujours belle et parée, suivie de plusieurs dames.*

UNE DAME.

Voyez, madame la comtesse ! il ne tiendrait qu'à vous ! Si vous aviez la bonté de dire seulement quelques mots pour moi à M. de Puymonfort...

JULIE.

Pardon, madame la marquise ; mais en vérité

vous auriez en moi un faible avocat. Mon mari ne me permet pas de lui parler d'affaires.

UNE AUTRE DAME.

Madame de Puymonfort plaisante. On sait que son mari est à ses pieds; et le moyen d'en douter, quand on la voit !

UNE AUTRE.

Ah ! duchesse ! nous ne savons que trop qu'il l'adore, car il est invulnérable à toutes nos attaques ; et si, nous autres femmes, nous venons solliciter madame, ce qui n'est pas dans l'ordre, à coup sûr, c'est en désespoir de cause. N'est-ce pas, madame la présidente ?

LA PRÉSIDENTE.

Aussi madame abuse de sa supériorité et nous traite en vaincues.

JULIE.

Oh ! mesdames, vous m'accablez de vos épigrammes. Mais que puis-je faire ? Mon mari m'avait fait cadeau de quelques-unes de ces actions pour ma toilette, je vous les ai sacrifiées ; à présent je n'ai plus rien, adressez-vous à lui. Tenez, le voici !

(*Samuel Bourset s'approche, suivi du duc et de plusieurs gentilshommes.*)

TOUTES LES DAMES, *s'élançant vers lui.*

Ah ! M. de Puymonfort !...

(*Elles lui parlent toutes à la fois.*)

BOURSET.

Pardon, mille pardons, mesdames, je suis désolé, mais je ne puis pas vous entendre toutes à la fois. (*Aux autres personnages.*) Je ne puis absolument plus rien pour vous, messieurs. J'ai renoncé à tous mes bénéfices dans cette affaire pour vous être agréable. Si vous voulez vous adresser à M. Law, peut-être sera-t-il plus heureux. Je viens de voir passer sa voiture.

TOUS ENSEMBLE.

Ah ! M. Law !

JULIE.

Je vais le recevoir. (*Elle s'éloigne, tout le monde la suit, excepté le duc et Samuel Bourset.*)

LE DUC.

Vous n'allez pas au-devant du contrôleur général ?

BOURSET.

Il n'arrivera que dans deux heures ; c'est moi qui ai imaginé cet expédient pour me délivrer de leurs importunités.

LE DUC.

Ah! quelle rage les possède! Savez-vous, mon cher comte...

BOURSET.

Ah ! M. le duc, de grâce, appelez-moi Bourset dans l'intimité. Si j'ai acquis un titre, c'est, vous le savez, par amour pour Julie, afin qu'elle n'eût pas à rougir de notre union ; mais, au fond, moi, je ne rougis pas de mon nom, je l'ai porté quarante ans avec honneur.

LE DUC.

Aussi vous a-t-il porté bonheur de son côté, mon cher Bourset !

BOURSET.

Et j'espère qu'il m'en portera encore plus par la suite. Cette affaire de la Louisiane s'annonce sous des auspices magnifiques.

LE DUC.

Êtes-vous bien sûr de celle-là ?

BOURSET.

J'y ai mis tout ce que je possède.

LE DUC.

En vérité?

BOURSET.

Et j'y aurais mis la France tout entière, si elle m'eût appartenu.

LE DUC.

Peste! Mais on dit que le régent la jette en effet dans ce gouffre?

BOURSET.

Dites plutôt, M. le duc, que la France s'y jette d'elle-même et y entraîne le régent.

LE DUC.

Et en votre âme et conscience, Bourset, vous ne pensez pas que la France et le régent fassent de compagnie la plus grande sottise du monde?

BOURSET.

Pourquoi essayerais-je de vous démontrer le contraire, mon cher duc? Vous me paraissez incrédule; mais c'est le propre des grandes vérités, de pouvoir être repoussées sans périr et de triompher malgré tout.

LE DUC.

Je ne suis pas incrédule, mon cher, je suis curieux, incertain...

BOURSET.

Mais vous n'êtes pas séduit ! Vous êtes sans ambition, vous, M. le duc. Vous avez une moquerie spirituelle et philosophique pour cette soif de l'or dont les autres grands seigneurs se laissent voir indécemment dévorés !...

LE DUC.

Si vous parlez vous-même en philosophe, Bourset, dites-moi donc pourquoi vous êtes dans les affaires ?

BOURSET.

J'y suis pour le salut et l'honneur de la France, M. le duc. Le régent est un grand prince, qui veut préserver la nation d'une ruine imminente, et l'État de la tache ineffaçable d'une banqueroute. Il y parviendra, n'en doutez pas, car il a confié le sort de la France à la science d'hommes habiles, à Law, à d'Argenson, et ceux-ci ont appelé à leur aide les ressources et le dévouement des hommes riches, Samuel Bernard, Samuel Bourset et d'autres encore.

LE DUC.

C'est un beau mouvement de votre part ; mais il est peut-être plus généreux que sage... et ceux que vous entraînez dans cette affaire, plus cupides que généreux, seront sans doute fort dégrisés s'ils en retirent de l'honneur au lieu d'argent.

BOURSET.

Ils ont une garantie, M. le duc, c'est l'honneur et l'argent de ces mêmes banquiers qui font appel à leur confiance.

LE DUC.

Mais enfin, mon ami, si vous êtes ruinés vous-mêmes?...

BOURSET.

Si nous y perdons la fortune et l'honneur, M. le duc, il ne nous restera que la vie, et le peuple en fureur nous la prendra, en revanche de ses déceptions. Quant à moi, je suis prêt, et je vous l'ai dit déjà souvent, un semblable martyre vaut bien tous ceux qu'on a affrontés et subis jusqu'ici pour des querelles de religion.

LE DUC, *ému*.

C'est beau, c'est très-beau, ce que vous dites là, mon pauvre Bourset, et j'ai parfois envie de me risquer aussi, le diable m'emporte!

BOURSET.

Vous, M. le duc? Je ne vous le conseille pas.

LE DUC.

Et pourquoi ?

BOURSET.

A votre âge on a besoin de repos, on a suffisamment rempli sa tâche en ce monde.

LE DUC.

Eh ! vous me faites bien vieux ! Je ne me sens pas encore cacochyme.

BOURSET.

Oh ! je le sais, mais je veux dire que vous avez servi l'État d'une manière assez brillante dans les guerres du feu roi, pour avoir droit à une vieillesse tranquille. Vous irez loin si vous vous conservez calme et dispos, mais craignez les émotions du grand jeu des spéculations ; elles vous vieilliraient plus que les années.

LE DUC.

Vous raillez ; je suis de force à supporter toutes sortes d'émotions. Vous croyez l'affaire sûre ?

BOURSET.

Bah ! Il vaut mieux de petites affaires sans soucis que des grandes avec des craintes. Tenez-vous tranquille.

LE DUC.

Plus vous voulez me décourger, plus j'ai envie de tenter le sort.

BOURSET, *à part.*

Hem ! Je le sais bien. (*Haut.*) Mais quel besoin avez-vous de cela ? Vous êtes riche ?

LE DUC.

Eh bien ! non, je vous le confie, Bourset, je suis ruiné. J'ai fait quelques folies, j'ai été tantôt dupe de mes mauvaises passions, tantôt de mon bon cœur ; bref, il ne me reste pas plus de deux millions à l'heure qu'il est, et j'ai envie de vous en confier un pour voir si je le doublerai.

BOURSET.

Ah ! pas avant six mois, je vous le déclare.

LE DUC.

Pas avant six mois ! Mais si ce n'était même que dans un an, ce serait magnifique.

BOURSET.

Oh ! dans un an, ce serait misérable. Si vous vous donnez la peine d'attendre tout ce temps, il vous faudra tripler tout au moins.

LE DUC.

Comme il y va !... Voyons, Bourset, vous êtes mon ami avant tout, n'est-ce pas? Que me conseillez-vous?

BOURSET.

De vivre de peu et avec économie ; c'est encore le plus sûr moyen d'être heureux.

LE DUC.

Allons, je vois que vous n'avez pas envie de m'obliger. Vous n'avez plus d'actions pour moi ?

BOURSET.

Il est vrai, j'en ai réservé pour quinze cent mille francs au duc de la F***

LE DUC.

Vous m'en céderez pour un million. Le duc a déjà gagné immensément, et ce n'est pas juste. Allons, traitez-moi en ami.

BOURSET.

Je ne puis. Jusqu'ici je me suis imposé la loi de ne délivrer d'actions à mes amis qu'en leur donnant une caution sur ma propre fortune, et je n'ai plus un coin de propriété au soleil qui soit libre d'hypothèque.

LE DUC.

Et le duc vous confie ses fonds sans hypothèque, lui, si âpre au gain, si méfiant au jeu?

BOURSET.

Il connaît les affaires, lui, il sait qu'il joue à coup sûr.

LE DUC.

Eh bien! laissez-moi faire le coup à sa place.

BOURSET.

Non, ne le faites pas. Si les choses n'allaient pas tout d'abord à votre gré, vous me feriez des reproches, et des reproches de votre part me seraient trop sensibles. Il n'est rien de plus sérieux au monde que de faire des affaires avec des gens qui ne les comprennent pas, qui pour un rien prennent l'alarme, croyant tout perdu, et vous font tout manquer au plus beau moment.

LE DUC.

Mais, enfin, je ne suis pas si borné qu'avec un peu d'étude et d'attention je ne puisse comprendre les affaires aussi, moi! que diable! Je ne vois pas que la F*** soit un homme si habile. D'où cela lui serait-il venu? Voyons, Bourset, cédez-moi son action, ou je vous jure que j'y verrai de votre part une mauvaise volonté, mortelle à notre amitié.

BOURSET.

Si vous le prenez ainsi, je cède; mais je voudrais vous donner une hypothèque, et en vérité... je ne sais plus... (*Il rêve.*)

LE DUC, *à part.*

Ah ! je sais bien celle que je lui demanderais si sa femme était moins bégueule !

BOURSET, *comme frappé d'une idée subite.*

Tenez, M. le duc, il me vient une idée qui vous paraîtra singulière au premier abord, mais qui m'est suggérée par un fait récent dont vous avez certainement connaissance. Je veux parler du traité conclu dernièrement entre le marquis d'Oyse, âgé de trente-trois ans, et la fille d'André, le capitaliste, âgée de trois ans, à condition que le mariage aurait lieu lorsqu'elle en aurait douze.

LE DUC.

C'est un des traits les plus caractéristiques du temps bizarre où nous vivons. Mais qu'en voulez-vous conclure?

BOURSET.

Qu'un père qui s'est engagé à vendre sa fille

d'avance à un noble pour des titres, et un noble qui s'est engagé à vendre l'appui de son nom à un traitant pour de l'argent, font tous deux un assez vulgaire échange. Mais qu'un père qui, pour caution, offrirait la main de sa fille à un ami, dans un engagement d'honneur, et un ami qui l'accepterait avec la pensée que le bonheur domestique vaut bien un ou deux millions, feraient une affaire assez neuve, assez piquante, que les sots railleraient peut-être, mais que les bons esprits appelleraient *chevaleresque*. Que vous en semble ?

LE DUC.

Parbleu ! l'idée est étrange, ingénieuse, gracieuse au dernier point. (*A part.*) Où diable ce Bourset prend-il tout l'esprit qu'il a ? Mais si c'était un piége ? Je prendrai mes sûretés. (*Haut.*) Bourset, vous êtes un homme admirable en expédients, et le vôtre me plaît. Vous aurez mon million, et dans un an j'aurai fait fortune ou j'épouserai votre fille.

BOURSET.

Oui, si je ne puis vous restituer un million ?

LE DUC, *à part.*

Bien entendu ! Mais je crois que je vais désirer

de le perdre. (*Haut.*) Nous allons stipuler ces conditions et passer un acte en bonne forme.

BOURSET, *le regardant fixement.*

Le prenez-vous au sérieux?

LE DUC.

Foi de gentilhomme!

BOURSET.

Et moi aussi, foi d'honnête homme! L'acte sera passé ; quand voulez-vous? La semaine prochaine?

LE DUC.

Ce soir!

BOURSET.

Vous êtes bien pressé. Mais, mon ami, vos fonds ne sont pas en valeur monnayée?

LE DUC.

Si fait, pardieu! en bons et beaux louis d'or et écus d'argent, chez mon notaire.

BOURSET, *avec affectation.*

Tant pis! Cette vieille monnaie est frappée de discrédit.

LE DUC.

Vous serez bien libre de la convertir en papier, puisque vous aimez mieux votre papier-monnaie.

BOURSET.

Mais vous y perdrez, je vous en avertis.

LE DUC.

Comment! je vous donnerai du métal pour du chiffon, et il faudra encore que je donne du retour?

BOURSET.

Très-certainement! Où en serions-nous, si le papier n'avait pas cette énorme valeur à la fois fictive et réelle?

LE DUC.

C'est merveilleux! Allons, faites!... Voulez-vous que j'opère l'échange, et que je vous paye vos actions en papier?

BOURSET, *avec vivacité.*

Non pas, vraiment! (*Se reprenant.*) Vous y perdriez trop; je me charge de négocier cet échange à moindre préjudice pour vous. M. le duc, nous reparlerons de cette affaire.

LE DUC.

Elle est décidée, j'espère!

BOURSET.

Je n'ai qu'une parole... Mais nous sommes interrompus.

LE DUC.

J'entends, vous voulez en parler à Julie... Je vous laisse ensemble, et je vais en parler à la marquise. Elle va être, pardieu, bien étonnée! (*A part en s'éloignant.*) C'est un homme à spéculer sur ses propres entrailles, et sa fille, belle et jeune, doit représenter pour lui une garantie propre à amorcer de plus jeunes que moi. S'il me l'offre, à moi, c'est que l'affaire est bonne.

SCÈNE V.

BOURSET, JULIE.

JULIE.

Je n'ai rien fait de bon; malgré toute leur avidité, ces femmes sont de fer quand on en vient à négocier. J'espérais tripler la valeur de nos actions, j'ai à peine doublé.

BOURSET.

C'est que vous êtes une sotte. Les femmes ne savent rien faire. Moi, je viens de décupler.

JULIE.

Comment cela?

BOURSET.

Je tiens un actionnaire qui vaut cent pour cent.

JULIE.

Et qui donc?

BOURSET.

Ça ne vous regarde pas... Écoutez seulement ce que j'ai à vous dire... Mais où est votre fille?

JULIE.

Elle est malade.

BOURSET.

Ce n'est pas vrai. Est-elle habillée?

JULIE.

Je vous assure qu'elle est fort enrhumée; le docteur lui a prescrit de garder la chambre.

BOURSET.

Le docteur est un âne. J'entends qu'à l'instant même Louise soit mise en liberté, parée de sa plus belle robe, bien coiffée, bien jolie, bien gaie; qu'elle voie la fête, et qu'elle soit vue de tous; qu'elle plaise, qu'elle brille, car il faut que ce soir vingt hommes, et des plus huppés, soient amoureux d'elle et me la demandent en mariage.

JULIE, *effrayée.*

Mais, monsieur, Louise est trop jeune pour que vous songiez à l'établir.

BOURSET.

Vous vous trompez, elle a quinze ans.

JULIE.

Plus vous la produirez, moins elle plaira. Elle est fort niaise, manque absolument d'usage, et jase avec tout le monde sans discernement.

BOURSET.

Si cela est, c'est votre faute, et je veux qu'à partir d'aujourd'hui elle soit sous la direction de sa grand'mère, qui est une femme d'esprit et saura la former.

JULIE.

Craignez qu'elle n'en sache trop !

BOURSET.

Voilà comme les filles bien nées parlent de leurs mères ; il n'est pas étonnant qu'elles traitent si mal leurs filles.

JULIE.

Vraiment, monsieur, vous êtes avec moi d'une amertume singulière, et vous reprenez vos anciennes façons bien à propos pour me faire souvenir de l'horreur avec laquelle j'ai contracté un lien indissoluble avec vous, il y a aujourd'hui seize ans.

BOURSET.

Je vous dis, madame, aujourd'hui comme il y a seize ans, que je veux être obéi et que je ne vous conseille pas de résister à mes volontés : voici mon compliment. Maintenant, allez chercher votre fille.

JULIE, *à part.*

Oh! je me vengerai quelque jour!...

(*Elle veut s'éloigner. Une troupe de jeunes filles vêtues de blanc et portant des bouquets arrivent deux par deux et lui barrent le passsage. La plus jeune s'approche et commence à lui débiter son compliment.*)

« M. le comte et madame la comtesse, permettez-nous de vous exprimer en cet heureux jour la joie que nous éprouvons de vous voir donner plus que jamais l'exemple de l'union et des vertus conjugales qui... »

JULIE, *prenant le bouquet.*

C'est bien, c'est bien, mon enfant, on ne vous

en demande pas davantage ; c'est très-bien, je vous remercie.

LA PETITE FILLE, *continuant.*

« C'est toujours avec un nouveau plaisir, madame la comtesse et M. le comte, que nous fêtons l'anniversaire du jour trois fois heureux qui a uni pour la vie vos tendres cœurs ; car... »

BOURSET, *avec emportement.*

C'est assez ! quand on vous dit que c'est assez ! Gardez cela pour quand il y aura du monde ; vous venez trop tôt.

(Il s'éloigne d'un côté, Julie de l'autre ; les petites filles, déconcertées, se retirent en désordre.)

SCÈNE VI.

LOUISE, LUCETTE.

LOUISE, *pâle et tremblante.*

Lucette, va un peu voir s'il ne vient personne par la petite allée, afin que je me sauve par là.

LUCETTE.

J'y vas, mamselle. Ah ! Dieu de Dieu ! comme vous allez t'être heureuse d'épouser M. le duc !

(Elle s'éloigne.)

LOUISE.

(*George sort des bosquets et la contemple.*)

O mon père ! ô ma mère ! je me plaisais encore à douter de mon isolement en ce monde ; à présent, je ne le puis plus... Haïe, méprisée, livrée comme une vile marchandise dont on trafique... Oh ! mieux vaudrait être morte !

(*Elle s'assied sur les gradins, et cache son visage entre ses mains pour pleurer.*)

GEORGE, *à part, la regardant.*

O corruption ! ô âme dépravée ! femme sans entrailles et sans cœur ! Et toi, Samuel ! Shylock moderne, il ne te reste plus qu'à tuer tes victimes, pour vendre plus aisément leur chair et leur sang ! (*Regardant Louise.*) Malheureuse, innocente créature ! que puis-je faire pour toi ? Ma protection ne pourra que te nuire. (*A Louise, qui se lève avec impétuosité. Il l'arrête.*) Où courez-vous ainsi ? Calmez-vous, votre désespoir va vous trahir !

LOUISE.

Oh ! vous êtes là ! Laissez-moi, ne vous occupez plus de moi. Je n'ai plus rien à ménager, car bientôt je n'aurai plus rien à craindre : je vais me tuer.

GEORGE.

Vous tuer ! Vous êtes donc sans foi et sans Dieu, vous aussi ?

LOUISE.

Dieu m'abandonne, je vois que personne ne m'aime, que je n'ai personne à qui me fier ! (*A George, qui la retient.*) Laissez-moi, vous dis-je; demain matin ils me retrouveront dans la pièce d'eau sous leurs fenêtres ; je ne souffrirai plus... et alors ils me regretteront peut-être ; ce sera la première fois qu'ils m'auront aimée !

GEORGE.

O jeune fille ! ne te laisse pas briser par la perversité d'autrui et par ta propre douleur. Il est temps encore de te soustraire à l'horrible contagion qui bientôt peut-être te flétrirait aussi. Il le faut, et je crois qu'ici la main de Dieu me pousse et me trace mon devoir... J'aurai le courage de le remplir, quelque soupçon, quelque blâme qu'il en puisse retomber sur moi par la suite... Écoutez, Louise, voulez-vous avoir confiance en moi ? Voulez-vous suivre mon conseil ?

LOUISE.

Et que feriez-vous à ma place ?

GEORGE.

Je fuirais cette maison à l'instant même, et j'irais me cacher dans un couvent.

LOUISE.

Me faire religieuse? Oh ! j'y ai souvent songé, j'y songe tous les jours.

GEORGE.

Non pas vous engager par des vœux téméraires, insensés ; mais vous placer, pour quelques années du moins, sous l'égide de personnes sages et vous dérober à d'odieuses persécutions à l'abri d'un asile inviolable.

LOUISE, *vivement.*

Je le veux ! Mais m'accueillera-t-on ? Voudra-t-on me protéger ? A quel titre implorerai-je l'appui des amitiés étrangères ?

GEORGE.

Fiez-vous à moi. Consentez à passer pour ma sœur ou pour ma fille, et ne vous inquiétez pas du reste. Je vous verrai souvent ; je veillerai sur vous.

LOUISE.

Vous ! Mais je ne vous connais pas !

GEORGE.

Vous me connaissez, et vous devez croire en moi : je suis George Freeman.

LOUISE.

George Freeman ! ô mon sauveur ! protégez-moi. (*Elle va pour s'élancer dans ses bras, puis s'arrête tout à coup.*)

GEORGE.

Hâtons-nous, mon enfant ; si vous voulez fuir, il n'y a pas un instant à perdre.

LOUISE, *passant son bras sous le bras de George.*

Partons. O ma mère ! pourquoi ne m'aimez-vous pas ?

GEORGE, *à part.*

O Julie ! Julie !... (*Ils fuient.*)

LUCETTE, *rentrant tout essoufflée.*

Mamselle ! mamselle !... vous pouvez venir, il n'y a personne ; ils sont tous à la messe... Tiens... où est-elle donc passée ?... Et ce monsieur !... Ah ! voilà une jolie affaire ! ils sont allés à la messe sans moi. Oh ! je les rattraperai bien.

(*Elle se met à courir dans la direction contraire à celle qu'ont prise George et Louise.*) — *Un cortége rustique, la musique en tête, traverse le jardin et se dirige vers le château. Des jeunes filles vêtues de blanc et voilées, postulantes rosières, marchent en tête avec leurs mères. Des paysans portant des bouquets ferment la marche en criant :*

Vive M. le comte ! vive madame la comtesse !

FIN DU PREMIER ACTE.

ACTE DEUXIÈME.

ACTE DEUXIÈME.

Un riche appartement à Paris, à l'hôtel Bourset. — Un salon donnant sur un jardin de plain-pied.

SCÈNE PREMIÈRE.

LA MARQUISE, JULIE, en grande toilette de bal toutes deux.

LA MARQUISE.

Ah ! ma fille, vous voilà mise comme un ange et belle à ravir.

JULIE.

Croyez-vous, maman ? Il fallait bien faire un peu de toilette. Le bal de notre vieux ami sera, dit-on, d'un grand luxe.

LA MARQUISE.

Ce pauvre duc, il fait des folies pour vous, ma chère ! Savez-vous que ce n'est pas bien de

tourner la tête à un homme de cet âge-là ? Il peut en mourir.

JULIE.

Allons donc, maman, vous raillez ; vous savez bien que ce n'est pas de moi qu'il est amoureux.

LA MARQUISE.

De moi, peut-être ? Il y a longtemps que je ne fais plus de passions, mon enfant, pas même celle-là. Mais puisque tu me persifles, je veux te tourmenter un peu à mon tour. Depuis quelque temps tu vas si souvent dans certaines maisons, et si rarement dans les autres, qu'il y a, ce me semble, quelque chose là-dessous. George Freeman ne nous est pas indifférent, Julie !

JULIE.

Cet homme-là ? Quel original !

LA MARQUISE.

C'est ce que disent toutes les femmes, et toutes en raffolent.

JULIE.

Vous croyez ?

LA MARQUISE.

Oh ! je m'y connais.

JULIE.

Il est certain qu'on lui fait mille agaceries. Qu'a donc cet Américain de si séduisant?

LA MARQUISE.

De beaux yeux, de belles paroles, des façons fort étranges, et, par-dessus tout, la réputation d'être invulnérable aux traits de l'Amour.

JULIE.

Quelle prétention! je ne crois guère à cette vertu-là.

LA MARQUISE.

Il me semble, en effet, qu'il ne vous serait pas difficile de la faire broncher.

JULIE.

Je ne m'en mêle pas.

LA MARQUISE.

Coquette, vous vous laissez adorer! Je l'ai bien observé, moi. Il ne s'approche de vous qu'avec une émotion..., et vous ne faites pas un mouvement qu'il ne vous suive des yeux. Au reste, tout le monde l'a remarqué aussi bien que moi.

JULIE.

Oui, plusieurs personnes me l'ont dit; mais

c'est une plaisanterie. Et puis, d'ailleurs, que m'importe?

LA MARQUISE.

Cela fait toujours plaisir. Un homme devant qui ont échoué les coquetteries de toutes les femmes à la mode, devant qui les plus orgueilleuses se font mignonnes, attentives et raisonnables, et que les gens les plus sérieux et les plus haut placés écoutent avec intérêt, avec respect même, un homme sans naissance, sans fortune, oh! un tel homme est une conquête difficile, glorieuse, et vous n'y êtes pas indifférente, Julie.

JULIE.

Ah! je vous assure que je le suis parfaitement.

LA MARQUISE.

Point! Orgueil ou sympathie, vous êtes émue aussi, lorsque vous le voyez.

JULIE.

Il est vrai, quelquefois; mais vous en savez bien la raison.

LA MARQUISE.

Sa ressemblance avec feu le chevalier? Il est certain qu'elle me frappe maintenant plus qu'elle n'avait fait d'abord; mais que vous importe?

Entre nous, Julie, tu ne l'as guère regretté, ton pauvre cousin, et s'il n'était mort à propos pour se rendre intéressant...

JULIE.

Brisons là, ma mère; quoi que vous en disiez, ce sujet m'est pénible.

LA MARQUISE.

Eh bien! parlons d'autre chose. As-tu des nouvelles de Louise?

JULIE.

Ce sujet m'est plus pénible encore que l'autre.

LA MARQUISE.

Oui, mais il y a cette différence que tu as bien fait dans un sens d'oublier le chevalier, et que tu ferais mal de toutes les façons d'oublier ta fille.

JULIE.

Ma fille! Qui peut croire que je l'oublie? Elle m'a écrit ce matin encore.

LA MARQUISE.

Ah! Et te dit-elle enfin où elle est?

JULIE.

Pas plus qu'à l'ordinaire. Elle se dit toujours retirée dans un couvent. Elle me recommande de ne pas être inquiète à son sujet ; mais elle déclare, avec cette petite obstination fâcheuse que vous lui connaissez, qu'elle ne veut ni sortir de sa retraite, ni me la faire connaître.

LA MARQUISE.

Pauvre Louise ! Tout cela est bien étrange ! Qui peut donc lui avoir suggéré une pareille détermination ? Depuis plus d'un an, elle est perdue pour nous, et rien n'a pu nous mettre sur ses traces. Elle se trouvait donc bien malheureuse ici !...

JULIE.

Je ne sais pourquoi vous insistez sur ce sujet si cruellement, ma mère ; pensez-vous donc que mon cœur n'en soit pas déchiré ? (*Elle se jette sur un fauteuil avec une sorte d'irritation nerveuse ; et au bout d'un instant, elle rajuste sa coiffure en se penchant vers une glace. La marquise l'observe et soupire.*)

SCÈNE II.

LES PRÉCÉDENTES, BOURSET.

JULIE.

Eh bien ! monsieur, nous sommes prêtes, vous le voyez, et il est dix heures. Partons-nous ?

BOURSET.

Pas encore ; j'attends quelqu'un pour compléter l'éclat de notre entrée chez le duc.

LA MARQUISE.

Qui donc ?

BOURSET.

Devinez !

LA MARQUISE.

George Freeman, peut-être?

BOURSET, *haussant les épaules.*

Celui-là, je ne m'en occupe guère.

JULIE, *à sa mère, et regardant son mari.*

Il a un sourire étrange.

LA MARQUISE, *bas à Julie.*

Bon Dieu! lui serait-il apparu ? Nous en parlions tout à l'heure, et on dit que, quand on parle des morts oubliés, cela les fait revenir.

JULIE, *bas.*

Oh ! maman, quelle triste gaieté vous avez ce soir !

BOURSET.

Je vois bien que vous ne devineriez jamais.

Mais, tenez... une voiture s'arrête dans la cour : c'est notre revenant... Eh bien ! vous pâlissez toutes deux ?

LA MARQUISE.

Mon Dieu ! qu'as-tu donc ?

JULIE, *à part, regardant Bourset qui se frotte les mains.*

C'est quelque chose de fâcheux pour moi, il est trop gai.

SCÈNE III.

LES PRÉCÉDENTS, LOUISE, en costume de novice bénédictine.

JULIE.

Ma fille !

LA MARQUISE, *s'élançant vers Louise, et l'embrassant avec transport.*

Ah ! quelle charmante surprise ! ma pauvre enfant !

LOUISE, *tombant aux pieds de sa mère.*

Ah ! maman, vous n'êtes donc pas malade ? Dieu soit béni ! On m'avait trompée.

JULIE.

Il a donc fallu vous tromper pour vous ramener vers moi, Louise ?

BOURSET.

Tu me le pardonnes, ma Louison. Tu n'es pas fâchée de voir que ta mère se porte bien ?

LOUISE, *embrassant son père.*

Oh ! mon papa, vous voyez que j'en suis bien heureuse. Maman, embrassez-moi aussi.

JULIE.

Vous m'avez fait bien du mal, ma fille !

BOURSET.

Point de reproches, s'il vous plaît; ce jour est un jour de bonheur. Louise a eu tort de nous quitter. J'ai fini par découvrir sa retraite, et, grâce à une ruse innocente, je vous la ramène. Elle doit être pardonnée le jour où elle rentre sous le toit paternel.

LA MARQUISE.

Mon Dieu ! que je suis heureuse de la revoir, cette méchante enfant ! Ah ! tu ne nous quitteras plus, j'espère !... Vilaine, est-ce que nous pouvons vivre sans toi ?

LOUISE.

Chère bonne maman !... Il faudra pourtant que je rentre ce soir. La règle de mon couvent le prescrit.

LA MARQUISE.

Comment ! La règle de ton couvent ? Est-ce que tu t'es faite religieuse, petite mauvaise tête ? Heureusement je vois que tu as un voile blanc... Voyez comme elle est jolie en novice ! Tout lui sied, c'est juste comme moi quand j'avais son âge.

LOUISE.

Je ne suis encore que postulante, bonne maman.

LA MARQUISE.

Qu'est-ce que c'est que cela ? Postulante au noviciat ? Mais tu es donc folle, jolie comme tu l'es, de songer à prendre le voile ? Nous ne le souffrirons jamais.

BOURSET.

Nous causerons de tout cela plus tard, s'il vous plaît, mesdames. Ce n'est pas le moment ; il faut maintenant aller au bal, Louise ; j'exige que vous y veniez avec nous, mon enfant.

LOUISE.

Moi, mon père ! Oh ! mais c'est impossible !...

JULIE.

Au bal dans ce costume ? Mais cela aurait l'air d'une mascarade !

BOURSET.

Aussi je lui ai fait préparer depuis ce matin, par la meilleure tailleuse de la cour, la plus jolie parure de bal qui se puisse imaginer. Allez dans votre chambre, Louise, et faites-vous arranger. Hâtez-vous, nous vous attendrons.

LOUISE.

Mon père, je vous en supplie, n'exigez pas que j'aille au bal ; je n'ai jamais vu le monde et je n'ai pas envie de le voir... J'y serais si gauche... si contrainte... Maman, priez mon papa de me laisser vous attendre. Je veillerai dans votre chambre, afin de vous embrasser quand vous rentrerez, et au jour je retournerai au couvent pour l'heure de la prière.

JULIE, *à Bourset.*

En effet, pourquoi contrarier ses idées religieuses ? Commencerez-vous, pour la réconcilier avec la maison paternelle, par la contrarier mortellement?

BOURSET, *lui jette un regard sévère et se tourne vers sa fille.*

Louise, je vous ai promis de vous écouter et de faire droit à toute demande raisonnable de votre part; mais il me semble que vous devez commencer par condescendre aux désirs de votre père, surtout quand il exige de vous une chose de peu d'importance. Allez, mon enfant; si vous voulez me trouvez indulgent, soyez soumise.

LOUISE, *abattue.*

J'obéis, mon père!

(*Bourset l'embrasse au front.*)

LA MARQUISE.

Je vais l'aider à sa toilette, et je suis sûre qu'en se voyant bien belle, elle prendra son parti devant le miroir.

(*Elles sortent.*)

JULIE, *à Bourset.*

Je crois que vous prenez un mauvais moyen...

BOURSET, *sèchement.*

Je sais ce que je fais, madame, et ne veux point ici de résistance à ma volonté. — Allons!

ne boudez pas; voici le collier de diamants que vous désiriez tant! (*Il tire un petit écrin de sa poche et le lui présente.*) Mistress Law n'en aura pas un plus beau ce soir... Mais ne le vendez pas, entendez-vous; l'argent devient rare et dangereux. Les diamants sont des valeurs qu'aucun arrêt de confiscation ne peut atteindre.

JULIE.

Que vous êtes aimable d'avoir pensé à ce collier! Mais que parlez-vous d'arrêt?

BOURSET.

D'un arrêt qui sera publié demain matin et qui fera mordre les doigts à bien des gens. Le régent et d'Argenson ont imaginé, pour discréditer entièrement les valeurs monnayées et pour brusquer l'émission du papier-monnaie, dont on commence à se dégoûter d'une manière effrayante, de faire défense à qui que ce soit de garder entre ses mains une somme d'or ou d'argent excédant cinq cents livres, sous peine de la Bastille.

JULIE.

Cela est bon à savoir. Que ferez-vous des quatre-vingt mille livres que vous avez reçues tantôt?

BOURSET.

Je les ai déjà échangées contre du papier.

JULIE.

Vous avez fait là une grande sottise. Comment, avec votre habileté, ne voyez-vous pas que ce papier est une grande friponnerie, et va nous ruiner tous? Personne n'en veut déjà plus, l'ignorez-vous ?

BOURSET.

Julie ! vous vous êtes embarquée sur une mer orageuse le jour où vous avez épousé Samuel et sa fortune. Si c'est une bonne affaire que vous avez faite, il faut en profiter ; si c'est une sottise, il faut la boire.

(*Il sort.*)

SCÈNE IV.

JULIE, seule.

Oh! je l'ai bu tous les jours de ma vie, ce calice amer ! et ce bonheur que par une odieuse ironie le monde feint de m'envier, est un poison qui me dévore ! O tortures de l'orgueil brisé! O soif de vengeance qu'une lâche terreur enchaîne! je finirai par t'assouvir! C'est trop souffrir, c'est trop sacrifier à la fausse gloire d'un semblant de bonheur et de vertu! Je veux une fois dans ma vie connaître l'ivresse des passions, et me venger, dans l'ombre et le mystère, des outrages que je reçois dans le secret de ma vie domestique. George! tu m'aimes, je n'en puis douter! Par une intention bizarre de la destinée, tu ressembles au premier, au seul homme que j'aie osé aimer! C'est toi qui vengeras le chevalier! Puisque c'est la seule représaille que la femme puisse exercer contre la tyrannie de l'homme, j'en goûterai le plaisir terrible! George Freeman, je veux t'aimer! et il me semble que je t'aime déjà!

UN DOMESTIQUE, *annonçant.*

M. George Freeman.

JULIE, *à part.*

Ah! Dieu le veut!

SCÈNE V.

JULIE, GEORGE. Ils se saluent avec cérémonie.

JULIE.

Vous êtes bien rare depuis quelque temps,

monsieur, mais il serait peu gracieux de vous faire des reproches, quand vous nous revenez. Il faut vous savoir gré du peu que vous faites pour vos amis.

GEORGE.

Vous me parlez aujourd'hui avec beaucoup de bonté, madame.

JULIE.

Croyez qu'il m'en coûte pour être aussi bonne, car, franchement, vous ne le méritez guère. Vous avez partout la réputation d'un ingrat.

GEORGE.

Je ne sais comment je l'ai méritée ; mais puisque vous me dites des choses si obligeantes, je vous dirai, avec ma franchise accoutumée, que je craignais d'être importun.

JULIE.

Mon apparence est donc bien trompeuse ? Moi aussi pourtant, j'ai la réputation d'être franche.

GEORGE.

Votre réputation est trop bien établie à tous égards pour que j'ose vous contredire ; mais, enfin, ne m'est-il pas permis de croire qu'avec des opinions aussi différentes des vôtres sur bien des points, pour ne pas dire sur tous... je suis accueilli chez vous avec plus de politesse que de bienveillance?

JULIE.

M. de Puymonfort peut être fort poli; quant à moi, je ne pensais pas mériter ce reproche.

GEORGE.

Vous ne sauriez croire, madame, combien je suis heureux de vous trouver dans ces sentiments. Je désirais précisément avoir l'occasion de détruire les préventions que je vous supposais contre moi.

JULIE.

Des préventions! Je vois que votre réputation de franchise est usurpée; vous savez trop que toutes les préventions sont en votre faveur.

GEORGE, *à part.*

Quel changement!... (*Haut.*) Je vous assure, madame, que je vous supposais quelque éloignement pour moi. Il m'a toujours semblé que ma présence vous causait une impression désagréable.

JULIE.

Désagréable! oh! non... mais triste, je l'avoue... Une ressemblance inouïe... avec une personne qui n'est plus.

GEORGE.

Je le sais, madame.

JULIE.

Comment! vous le savez? Quelqu'un vous l'a dit?

GEORGE.

D'autres personnes que vous ont remarqué cette ressemblance. Et d'ailleurs, j'ai des raisons plus particulières pour savoir combien elle est fidèle.

JULIE.

O mon Dieu! auriez-vous connu?... Oui, en Amérique! cela est possible; vous avez pu rencontrer une personne... qui portait le même nom que moi.

GEORGE.

Le même nom que porte aujourd'hui M. Bourset.

JULIE, *à part, le regardant.*

Il est des instants où je crois que c'est lui-même qui me parle! (*Haut.*) Ainsi vous l'avez connu?

GEORGE.

Intimement, madame.

JULIE.

Et vous ne m'avez jamais parlé de lui !

GEORGE.

Je pensaïs que cela vous serait pénible !

JULIE.

Non ! au contraire ! j'éprouve une curiosité...

GEORGE.

Une *curiosité ?...*

JULIE, *à part.*

Comme c'est là son regard ! (*Haut.*) Oui, une émotion profonde... Dites-moi, je vous en prie, il a dû se plaindre de moi avec amertume ?

GEORGE.

Il ne s'est jamais plaint, madame, même à son meilleur ami.

JULIE, *le regardant avec attention et commençant à douter.*

Mais alors comment pouvez-vous savoir...?

GEORGE.

Je sais seulement qu'il a horriblement souffert.

JULIE, *à part.*

Mon Dieu ! comme il dit cela ! si c'était lui !... (*Haut, avec une émotion jouée.*) Pauvre chevalier !

GEORGE, *ironiquement.*

Ah ! vous l'avez beaucoup aimé, madame ?...

JULIE, *à part.*

Quel ton étrange ! Ce ne peut pas être lui. (*Haut, essayant de sourire.*) Est-ce donc lui qui vous l'a confié ?

GEORGE.

Il ne s'est jamais vanté, pas plus qu'il ne s'est plaint.

JULIE.

Oh ! c'était un honnête homme !...

GEORGE.

Oui, madame.

JULIE.

Et une belle âme ! aussi belle que son visage, qui ressemblait tant au vôtre.

GEORGE.

Le mien doit vous sembler une bien pâle et bien déplaisante copie, madame.

JULIE, *à part.*

Il en est jaloux ! ce n'est pas lui. (*Haut.*) Le vôtre est cent fois plus mâle , plus noble et plus expressif.

GEORGE.

Vous me raillez ! Il est impossible qu'un premier amour soit effacé à ce point ; quiconque aurait la prétention de vous le faire oublier serait bien présomptueux !

JULIE , *avec coquetterie.*

Vous croyez !...

GEORGE.

Et quiconque en aurait le désir serait bien malheureux !

JULIE , *encore plus coquette.*

En êtes-vous bien sûr ?

GEORGE, *ému malgré lui, et avec une amertume qu'il ne peut contenir.*

Le chevalier a pu l'être autrefois, mais ce fut une assurance bien ridicule de sa part , n'est-ce pas, madame ?

JULIE, *à part et bouleversée.*

Du dépit? Ah! grand Dieu! c'est bien lui! (*Haut*

et se remettant tout de suite.) Je vois que vous méprisez beaucoup les femmes, M. Freeman !

GEORGE, *se reprenant.*

Si j'avais eu quelque raison pour le faire, vous m'eussiez converti, madame.

JULIE, *à part.*

Ah ! tu crains de te trahir, à présent ! C'est déjà fait, va !

GEORGE.

Vous aurais-je offensée ? J'ai eu tort de vous parler du chevalier ; je m'étais promis de ne jamais le faire.

JULIE.

Pourquoi donc ? C'est un homme dont le souvenir me sera toujours cher, monsieur. Si je lui ai fait du mal en épousant M. Bourset, j'ai expié cet acte de soumission envers mes parents par de longs regrets et des larmes bien amères. Si je me suis attachée à mon mari, c'est par devoir, non par inclination ; mais je suis restée fidèle à la mémoire du chevalier, car je n'ai point eu d'amants. Le monde le sait !

GEORGE, *à part.*

Le monde le dit !

JULIE, *à part.*

Lui inspirer du respect, c'est le plus sûr à présent.

GEORGE, *à part.*

Après tout, elle dit peut-être la vérité. (*Haut.*) Si le chevalier revenait à la vie, il serait touché de vous entendre parler ainsi, madame.

JULIE.

Si le chevalier revenait à la vie, monsieur, je ne pourrais plus prétendre à son amour, et je ne le voudrais pas, car le devoir a pour les âmes élevées d'austères consolations; mais je me flatte que le chevalier m'estimerait et serait mon meilleur ami.

GEORGE, *ému.*

Je crois aussi que cela serait si vous le vouliez, madame.

JULIE.

Puisque le sort a tranché le fil de sa vie, je désire du moins que son ami reporte sur moi un peu de cette honnête affection que j'eusse voulu lui faire connaître.

GEORGE.

Oh ! madame, je vous prends au mot avec reconnaissance.

(*Il lui baise la main, puis se promène avec quelque agitation.*)

JULIE, *à part.*

Oh ! je te tiens maintenant, et tu m'aimeras toujours ; mais comme par le passé, en pure perte, car un tel lien serait dangereux désormais. La colère et la jalousie se déchaîneraient à la moindre familiarité.

GEORGE, *à part, se promenant dans le salon.*

Oui, je crois qu'elle a conservé des sentiments élevés et que je puis lui parler. Le moment est venu. (*Il se rapproche.*) Madame, puisque vous me traitez avec une si généreuse confiance, j'oserai m'enhardir jusqu'à remettre en vos mains un secret où ma conscience est intéressée et mon honneur engagé.

JULIE.

Parlez, M. George, parlez-moi comme à une sœur. (*A part.*) Où veut-il en venir à présent?

GEORGE.

Je veux vous parler de votre fille. Ellle n'est

point auprès de vous. Le bruit court dans le monde qu'elle s'est retirée au couvent par vocation religieuse. Vous-même vous le croyez peut-être ?...

JULIE, *pâlissant.*

A cet égard, M. George, je n'ai de comptes à rendre qu'à Dieu, ce me semble !

GEORGE.

Aussi Dieu vous demandera un compte sévère! permettez à un frère de vous le rappeler.

JULIE, *à part.*

Peut-on rien voir de plus pédant? (*Haut.*) Mon cher M. Freeman, j'espère que Dieu trouvera mon cœur pur. Voyons, que vouliez-vous dire ?

GEORGE.

Si vous vous blessez au premier mot !...

JULIE.

Non, je sais que vous êtes philosophe, et que vous n'agissez comme personne. Dites toujours.

GEORGE.

Vous ignorez où est votre fille... et je présume que vous désirez vivement le savoir.

JULIE, *vivement.*

Le savez-vous donc, vous?

GEORGE.

Oui, et je vous l'apprendrai, quand vous m'aurez promis de veiller sur elle avec un peu plus de sollicitude et d'énergie que vous n'avez fait jusqu'ici.

JULIE.

C'est elle qui s'est plainte de moi à vous?

GEORGE.

Non! c'est moi qui ai observé.

JULIE.

Mais cela est fort singulier! Il y a précisément un an que ma fille est au couvent, et je ne crois pas que vous l'ayez jamais vue auparavant.

GEORGE.

Je l'ai vue il y a un an précisément... un jour que je venais pour me présenter dans votre maison.

JULIE.

Le jour où elle a disparu, peut-être!... C'est vous qui l'avez enlevée?... Oh! elle avait la tête montée pour vous avant de vous avoir vu, je le sais ! Avouez donc tout, vous l'avez séduite, dites, monsieur, dites !

GEORGE.

Séduite ! oh ! madame ! vous ne m'en croyez pas capable... Mais le hasard... Si vous daignez m'accorder un peu d'attention, je vous conterai tout ce qui s'est passé.

JULIE.

Ah ! vous l'avez revue depuis ! (*A part.*) Une intrigue où je suis affreusement jouée !

GEORGE.

Vous êtes trop irritée contre moi dans ce moment...

JULIE, *d'un ton forcé.*

Nullement, monsieur, nullement !... Mais il me semble si étrange que, me connaissant à peine, vous soyez l'ami et le confident de ma fille !... Je suis sa mère avant tout ; et, quelque légère que je semble, quelque philosophe que vous paraissiez, j'ai le droit de trouver fort suspecte une intimité mystérieuse entre ma fille et vous !

GEORGE.

Vous auriez grand tort de suspecter son innocence et ma loyauté.

JULIE.

Ah ! de grands mots, je connais cela. Mais il n'en est pas moins vrai, monsieur, que vous faites, à mon insu, la cour à ma fille. Vous plaira-t-il de me dire où vous l'avez cachée ?

GEORGE.

Je venais exprès pour vous l'apprendre ; mais, si vous me parlez ainsi, je ne vous dirai rien. Il me semblait que votre premier mouvement serait la joie et l'impatience de la revoir ; je ne trouve en vous que froideur pour elle et méfiance envers moi. Je me retire ; je vous trouverai peut-être mieux disposée un autre jour.

JULIE.

J'attendrai donc, pour vous écouter, que vous soyez mieux disposé vous-même. Peut-être sentirez-vous que le rôle que vous jouez en ce moment est indigne d'un homme aussi grave et aussi vertueux que vous avez la réputation de l'être. J'espère qu'à notre prochaine entrevue vous me déclarerez nettement vos intentions à l'égard de ma fille... afin que je voie le parti que j'ai à prendre... (*George la salue.*)

JULIE, *à part, lui rendant son salut.*

Ah ! ceci ne peut se supporter. Il feignait de

m'aimer ! Je me vengerai de cet outrage ! J'ai été jouée indignement ! (*Elle se retire dans ses appartements. George, au moment de passer dans le jardin, voit entrer Louise et s'arrête. Louise est en toilette de bal.*)

GEORGE.

Est-ce un rêve ? Vous ici, Louise, et ainsi parée, quand je vous ai laissée sous le voile et derrière la grille du couvent ?

LOUISE.

Oh ! vous êtes bien étonné, n'est-ce pas, mon ami ? Je le suis encore plus que vous, peut-être ; moi aussi, je crois rêver. Mais vous venez au bal, à ce que j'ai ouï dire ; nous pourrons peut-être nous parler.

GEORGE.

Au bal ! au bal chez le duc ?

LOUISE.

C'est chez le duc ? Je ne le savais pas. O ciel ! je ne veux plus y aller ; on ne m'y traînera pas de force. Ah ! si vous saviez comme on m'a trompée pour m'amener ici ! On m'a dit que ma mère était mourante.

GEORGE, *à part.*

Ils ont quelque méchant projet. (*Haut.*) Allez au bal, Louise, je vous y suivrai ; je ne vous perdrai pas de vue, soyez tranquille.

LOUISE.

Vous êtes agité, M. Freeman ! Que se passe-t-il donc ?

GEORGE.

Je ne sais, mais je crains quelque trahison.

LOUISE.

Oh ! moi, je ne crains rien, vous êtes près de moi.

GEORGE.

Fiez-vous à moi, mon enfant; mais ne vous fiez pas trop à vous-même. Vous allez au bal; ne craignez-vous pas que l'enivrement de ce premier triomphe que vous allez remporter ne vous réconcilie avec les projets de votre père ?

LOUISE.

O mon ami, vous ne le croyez pas ! Et d'ailleurs... si vous le craignez... voyez, je puis m'échapper encore, retourner au couvent, et n'en plus jamais sortir.

GEORGE.

Non, Louise ; vous savez bien que je vous détourne autant que je le puis de ces idées. Il est temps que vous voyiez le monde, que vous sachiez quels sont ses avantages et ses séductions, et ce que vous devez choisir d'une vie modeste et pure ou d'une ivresse d'ambition et de vanité.

LOUISE.

Oh ! mon choix sera bientôt fait. Tenez, George, ce n'est pas bien; vous êtes toujours porté à croire que les femmes sont vaines et coquettes ; vous me soupçonnez moi-même, comme si vous ne me connaissiez pas, depuis un an que je vous dis toutes mes pensées. Il faut que vous ayez été bien trompé dans vos amitiés pour être si méfiant, même envers moi.

GEORGE.

Chère, excellente enfant ! (*A part, avec tristesse.*) Pourquoi suis-je né quinze ans trop tôt !

LOUISE.

O ciel, mon père! George, ayez l'air de ne me pas connaître. (*Ils s'éloignent l'un de l'autre précipitamment. Bourset entre et les observe.*)

BOURSET, *à part.*

Julie ne m'a pas trompé, ils s'entendent à merveille. (*Haut.*) Ma fille, votre mère vous demande; allez la trouver.

(*Louise va pour sortir, un domestique se présente avec un bouquet.*)

BOURSET.

Qu'est-ce que cela?

LE DOMESTIQUE.

Avec la permission de M. le comte, c'est un bouquet pour mademoiselle.

BOURSET.

De quelle part?

LE DOMESTIQUE.

De la part de M. le duc de Montguay.

BOURSET, *lui donnant de l'argent.*

Tenez, mon ami. (*A Louise.*) Prenez ce bouquet, ma fille.

LOUISE.

Oh! mon papa, je n'aime pas les fleurs.

BOURSET.

Vous les aimez, au contraire. Prenez, vous dis-je. (*Louise obéit, regarde George, et laisse tomber le bouquet.*)

BOURSET.

Ramassez votre bouquet, ma fille.

LOUISE.

Mais, mon papa, l'odeur des fleurs me fait mal.

BOURSET.

Elle vous fera du bien aujourd'hui. Ramassez votre bouquet.

LOUISE *ramasse le bouquet.*

Oh! il est si lourd, c'est fort incommode au bal! Que peut-on faire de ce gros vilain bouquet?

BOURSET.

Emportez-le, et allez trouver votre mère.
(Louise sort en effeuillant le bouquet.)

SCÈNE VI.

BOURSET, GEORGE.

BOURSET.

Votre serviteur, M. Freeman ; j'ai deux mots à vous dire, ni plus ni moins. Vous voulez épouser ma fille, cela ne se peut pas.

GEORGE.

Je ne me suis pas expliqué à cet égard, monsieur ; mais, si telle était mon intention, je crois que vous ne me la refuseriez pas.

BOURSET.

Vous vous trompez. Ma parole est irrévocable. Ma fille est promise.

GEORGE.

Je le sais, monsieur ; mais comme vous aurez toujours un million à rendre à M. le duc de Montguay, quand le moment sera venu, vous ne serez pas obligé de lui livrer votre fille.

BOURSET, *à part.*

Est-il sorcier, ou le vieux duc tombe-t-il en enfance jusqu'à raconter ainsi nos affaires? (*Haut.*) Et d'où êtes-vous si bien informé, monsieur?

GEORGE.

Peu importe! Il me suffit que ce soit la vérité. Ainsi ce ne serait pas là le prétexte plausible de votre refus.

BOURSET, *à part.*

Ce diable d'homme me déplaît. (*Haut.*) Serais-je donc obligé de motiver mon refus?

GEORGE.

Vous ne voudriez pas me faire d'insulte.

BOURSET.

Eh bien! s'il vous fallait une raison, il y en aurait une bien simple : c'est que vous n'avez pas le sou.

GEORGE, *à part.*

A la bonne heure! voici le Samuel d'autrefois! (*Haut.*) Mais, monsieur, lorsque vous donnerez votre fille à M. le duc de Montguay, vous n'aurez pas le sou vous-même, comme il vous plaît de dire; autrement vous rembourseriez le million, et ne donneriez pas votre fille, je le suppose, par goût, à un octogénaire. Ainsi ce n'est pas encore là la raison.

BOURSET.

Eh bien! monsieur, il y en a une autre, c'est que vous n'avez pas de nom.

GEORGE.

On peut toujours en acheter un!

BOURSET.

Comme j'ai fait, vous voulez dire? Mais il faut avoir de l'argent pour cela, ça coûte cher!

GEORGE.

Et cela ne sert à rien.

BOURSET.

Si fait, cela sert à tout ; avec un nom on a du crédit et de la faveur ; ma fille sans dot sera duchesse, et bientôt, veuve d'un octogénaire, comme vous dites, elle pourra épouser un prince.

GEORGE.

Et pour peu qu'il ait quatre-vingt-dix ou cent ans, elle pourra en troisièmes noces épouser le roi.

BOURSET.

Vous avez de l'esprit.

GEORGE.

Et vous aussi. Mais allons au fait : vous faites un calcul que vous croyez bon, et je vais vous prouver qu'il ne vaut rien. Vous croyez que la roture s'élève en s'accrochant à la noblesse, vous vous trompez : c'est la noblesse qui s'abaisse en se rattrapant à la roture.

BOURSET.

Ah ! je sais bien que la noblesse dégringole ;

mais avant qu'elle soit par terre, nous serons tous morts.

GEORGE.

Il est possible qu'elle se soutienne jusque-là dans l'opinion ; mais, en fait d'argent et de pouvoir, elle est déjà morte. La manie qu'ont les traitants de s'anoblir n'est qu'une sotte vanité qu'ils tâchent de se dissimuler à eux-mêmes en se persuadant qu'elle aide à leur fortune. Ils se trompent, on se moque d'eux et voilà tout.

BOURSET, *à part.*

Voilà un original bien osé, de me parler ainsi en face !

GEORGE.

Et puis, comme la noblesse est incontestablement ruinée...

BOURSET.

Elle ne l'est pas encore, c'est moi qui vous le dis.

GEORGE,

Elle le sera dans six mois, dans six jours peut-être, grâce à vous et à vos confrères, vous le savez bien. Que pourra-t-elle vous donner quand vous lui aurez tout pris ? Ses titres, ses armoiries ?

Qu'en ferez-vous alors? Vous voyez bien qu'il n'y a là que mensonge et fumée.

BOURSET.

Vous raisonnez serré, maître Freeman, et votre conclusion est que vous devez épouser ma fille par la raison que vous n'avez ni argent ni blason. Il n'en sera pourtant rien, je vous jure.

GEORGE.

J'aurai un blason quand je voudrai, et de l'argent, à coup sûr, j'en aurai.

BOURSET.

Ouais! Seriez-vous un homme adroit?

GEORGE.

Non, mais je suis aussi laborieux que vous et beaucoup plus intelligent.

BOURSET.

Ah oui! vous êtes philosophe! ça vous mènera loin.

GEORGE.

Je suis cultivateur, monsieur, et négociant, et je suis en train de faire fortune.

BOURSET.

Eh bien! quand ce sera fait, vous reviendrez, et on verra.

GEORGE.

Je serai riche le jour où vous serez ruiné. Prenez garde qu'alors je ne vous en dise autant.

BOURSET, *à part.*

Quel diable d'original! c'est peut-être un habile compère. (*Haut.*) Expliquez-moi ça.

GEORGE.

Vous savez bien qu'il y a de belles et bonnes terres à la Louisiane, et vous savez bien aussi qu'il n'y a pas de mines d'or? Vous savez bien que Crouzat a cédé son privilége pour rien.

BOURSET, *effrayé.*

Monsieur, doucement, doucement, ne criez pas si haut des choses que vous ne savez pas.

GEORGE.

Oh! mon Dieu, j'étais présènt à la signature de l'acte.

BOURSET, *à part.*

Aïe!

GEORGE.

Et j'ai travaillé dix ans avec Crouzat à la recherche des mines.

BOURSET, *baissant la voix et ouvrant les yeux.*

Eh bien! ces mines?

GEORGE.

Il n'y en a pas, vous le savez de reste...

BOURSET, *hébété.*

Qu'y a-t-il donc ?

GEORGE.

Des forêts, des troupeaux, des pâturages ; il ne manque que des bras, et c'est absolument la fable du trésor caché dans le champ du laboureur. En le cherchant, on remue la terre, on la fertilise, et c'est ainsi, et non pas autrement qu'on s'enrichit en Amérique.

BOURSET, *tâchant de reprendre de l'assurance et d'un ton brutal.*

Vous ne savez pas ce que vous dites !

GEORGE.

Oh ! j'en fournirai la preuve à qui me la demandera.

BOURSET, *à part.*

Que la peste étouffe le philosophe ! Heureusement, je le tiens par son côté faible. (*Haut.*) Vous êtes donc amoureux de ma fille ?

GEORGE.

Pourquoi me faites-vous cette question, puisque vous ne voulez pas me la donner en mariage ?

BOURSET.

C'est que vous ne me paraissez pas dépourvu de sens ; et on pourrait peut-être s'entendre avec vous par la suite.

GEORGE.

Ce ne sera pas long, car dans quelques jours le duc aura gagné les douze millions que vous lui promettez, ou perdra celui qu'il vous a confié.

BOURSET.

Il est certain que s'il y a beaucoup de gens comme vous, qui vont décrier nos affaires et nous ôter la confiance publique...

GEORGE.

Il y aura toujours des gens pour dire la vérité et des gens pour l'entendre. Ainsi, jouissez vite de votre reste, vous touchez au dénoûment.

BOURSET, *à part.*

Il me donne froid, ce sauvage! (*Haut.*) Et si je suis ruiné, puis-je refuser ma fille au duc de Montguay?

GEORGE.

Oui.

BOURSET.

Touchez là ! Mais qui remboursera le million?

GEORGE.

Vous et moi.

BOURSET.

Avec quoi ?

GEORGE.

Avec notre travail et notre probité.

BOURSET.

Hum !... Allons, faites la cour à ma fille sous les yeux de sa mère, bien entendu ; mais pas un mot de ceci, et pas une démarche qui me discrédite auprès du duc.

GEORGE.

Je ne m'engage à rien de semblable.

BOURSET, *à part.*

Eh bien ! ni moi non plus, car je ne suis pas encore ruiné ! (*Haut.*) Nous reparlerons de cette affaire, et, en attendant, partons pour le bal ; il est temps.

GEORGE.

Avec ces dames ?

BOURSET.

Vous irez dans ma voiture, elles iront dans la leur ; nous froisserions leurs atours. Venez-vous ?

GEORGE.

Soit ! (*A part.*) Je ne te lâcherai pas.

BOURSET, *de même.*

Je saurai bien te tenir !

(*Ils sortent.*)

SCÈNE VII.

JULIE, LOUISE, regardant à la fenêtre.

LOUISE.

Partons-nous, maman ? voilà la voiture de papa qui s'en va, la nôtre attend.

JULIE.

Un instant, ma fille, j'ai quelques mots à vous dire.

LOUISE.

Oh ! j'écoute, maman.

JULIE.

Parlez-moi avec franchise, mon enfant, ouvrez-moi votre cœur comme à votre meilleure amie.

LOUISE, *avec effusion.*

Oh oui ! ma chère maman.

JULIE.

Vous connaissez George Freeman ?

LOUISE.

Un peu... maman...

JULIE.

Dites toute la vérité ; votre mère veut votre bonheur, mon enfant. George m'a demandé votre main (*Louise tressaille*), et j'ai promis de la lui accorder, si je puis m'assurer que son affection pour vous est sincère.

LOUISE, *émue*.

Oh ! s'il vous l'a dit, maman, j'en suis bien sûre.

JULIE.

Mais comment le savez-vous? Il vous l'a donc dit?

LOUISE.

Jamais, maman.

JULIE.

Louise, vous me trompez ; vous ne m'aimez donc pas?

LOUISE.

Oh! ma bonne mère, aimez-moi, car je ne demande qu'à vous chérir de toute mon âme.

JULIE, *la caressant.*

Eh bien! ma fille, il t'a parlé d'amour?

LOUISE.

Eh bien! maman, je vous le jure, il ne m'en a jamais dit un mot.

JULIE.

Mais il t'a parlé de mariage, au moins?

LOUISE.

Pas davantage. Il me disait toujours qu'il avait horreur du mariage, au contraire, et qu'il ne connaissait pas de lien plus avili par l'ambition et la cupidité.

JULIE, *à part.*

Ceci est pour moi. (*Haut.*) Et lorsqu'il t'a enlevée, où t'a-t-il conduite?

LOUISE.

Oh! il ne m'a pas enlevée; c'est moi qui voulais me tuer.

JULIE.

Par amour pour lui?

LOUISE.

Je ne le connaissais seulement pas! Mais c'est que je m'imaginais!... oh! pardonnez-moi, maman, j'avais bien tort ; car vous êtes si bonne pour moi !... je m'imaginais que vous ne m'aimiez pas.

JULIE.

Et lui, il t'a persuadé qu'il t'aimait?

LOUISE.

Oh ! maman ! si vous ne me disiez pas qu'il vous a demandé ma main, je ne le croirais pas, car il m'a toujours traitée comme un enfant. Au couvent, il passait pour mon oncle, et il venait me voir seulement une fois par semaine à la grille du parloir. Et puis, peu à peu, je ne sais comment, il est venu plus souvent, et il restait plus longtemps, mais toujours en présence de la tourière, et il me parlait avec une bonté, mais aussi avec une sévérité qui me tenait dans la crainte, de sorte que je ne sais pas encore s'il m'aime, ou s'il a eu pitié de moi.

JULIE.

Et si tu le crains, tu ne l'aimes pas, toi ?

LOUISE.

Oh ! je l'aime plus que je ne le crains, maman !

JULIE.

Et tu consentirais à l'épouser?

LOUISE.

Oh ! oui, si vous y consentiez !

JULIE.

Et t'a-t-il écrit quelquefois ?

LOUISE.

Oui, maman, quelquefois. Tenez, j'ai encore là une lettre que j'ai reçue hier, il ne croyait pas me voir aujourd'hui. Voulez-vous que je vous la montre ?

JULIE.

Sans doute.

LOUISE.

La voici.

JULIE, *parcourant la lettre.*

Il vous appelle sa fille ? Il vous tutoie ? Il me semble que c'est le langage de la passion, si ce n'est celui de la folie.

LOUISE.

Mon Dieu ! maman, vous me faites trembler ! Qu'y a-t-il donc dans cette lettre ? Est-ce que je ne l'aurais pas comprise ?

JULIE.

La lettre est fort tendre, à coup sûr ; mais, si je

t'en montrais une de cette même écriture et de ce même style, plus tendre encore, adressée à une autre femme que toi?

LOUISE, *pâlissant.*

Oh! mon Dieu! je dirais que je me suis trompée, qu'il ne m'aime pas.

JULIE.

Cependant il te demande en mariage! Comment expliquer ceci? Tiens... regarde! (*Elle tire une lettre de sa poche.*)

LOUISE, *toute tremblante, ouvre la lettre convulsivement, et lit:*

« Votre indifférence me tuera... Vous ne m'aimez pas. Vous croyez que j'en aime une autre... » (*Sa voix est étouffée.*)

JULIE, *prend la lettre et la continue.*

« Mais c'est vous seule, c'est vous pour qui je veux vivre et mourir... »

LOUISE, *tombant dans un fauteuil.*

Assez!... maman, assez!...

JULIE, *à part, remettant la lettre dans sa poche.*

Tu ne te doutais pas, pauvre chevalier, en m'écrivant ce billet dans toute la candeur de tes dix-sept ans, qu'elle me servirait dix-sept ans plus tard à déjouer tes perfidies... Allons, le coup est porté! (*A Louise.*) Eh bien! Louise, avez-vous donc si peu de dignité que vous pleuriez un homme qui vous trompe? Allons, remets-toi, oublie-le, et allons au bal.

LOUISE.

Au bal? Le revoir? Oh jamais! je mourrais de honte!... Partons, maman, partons!

JULIE.

Où veux-tu donc aller?

LOUISE.

Au couvent, au couvent pour jamais!

JULIE.

Pour qu'il aille encore t'égarer par de nouveaux artifices!

LOUISE.

Dans un autre couvent, où il ne pourra ni me découvrir, ni m'approcher.

JULIE.

Ce serait peut-être là le meilleur parti à prendre, si tu t'en sentais le courage.

LOUISE.

Oh ! oui, maman, j'aurai du courage, je vous en réponds ! Ah ! mon voile, ma robe de novice ! Rendez-moi tout cela, maman, afin que je m'en aille bien vite !

JULIE.

Je vais te les chercher. La voiture nous attend, nous pouvons aller à Chelles.

LOUISE.

Où vous voudrez, maman, pourvu que ce soit bien loin de lui.

(*Julie sort.*)

LOUISE, *seule, arrachant les fleurs de ses cheveux.*

Oh ! cette parure maudite que je portais déjà avec orgueil, en songeant qu'elle m'embellirait à ses yeux !... Il ne l'avait pas seulement remarquée... Il était mécontent, inquiet de me voir aller au bal ; sans doute celle qu'il aime doit s'y trouver, et ma présence les eût gênés... Mais après tout, il ne m'a jamais rien promis. (*Se laissant tomber sur un fauteuil, les cheveux épars et ses parures gisant à terre.*) Quel rêve ai-je donc fait ! Insensée que je suis ! Ah ! je l'aimais, moi, et j'aurais su me faire religieuse, et vivre à jamais retirée du monde, cloîtrée, oubliée de tous, pourvu qu'une heure, un instant, qu'une fois dans l'année, il fût venu me dire, au travers de la grille : « Mon enfant, je veille sur vous. » Mais à présent, je ne peux pas, je ne veux pas le revoir... Et mes jours se consumeront dans l'ennui mortel de la solitude, dans l'horreur de l'abandon... car personne ne m'aime, moi ! personne ne m'a jamais aimée. Que cette idée fait de mal... elle donne la mort... Oui, je me sens mourir !... Maman!... J'étouffe!... Ah !...

(*Elle veut se lever, chancelle et retombe évanouie sur le fauteuil.*)

JULIE *rentre avec le voile et la robe de novice.*

Allons, Louise, du courage... Eh bien !... Elle ne répond pas... Louise... vous souffrez donc beaucoup?... Comme elle est froide!... Oh! je lui ai fait bien du mal... Oui, cela fait bien du mal, un premier amour brisé !... On en rit, on dit que ce sont des larmes d'enfant... On croit que le luxe, la parure, l'enivrement de l'orgueil, vous consoleront en un jour... On le croit soi-même... Et cela n'est pas vrai, on souffre longtemps... On souffre toujours !... On n'aime plus, mais on a honte de soi-même ; et à chaque déception, à chaque douleur qu'on rencontre dans la vie, on se dit : C'est ma faute, j'aurais pu être heureuse... Je ne l'ai pas voulu... J'ai manqué de courage... J'ai eu peur de la misère !... Louise... Louise !... ma fille, ah !... je l'ai tuée... J'ai tué ma fille !...

(*Elle la saisit dans ses bras et tâche de la ranimer. Louise revient à elle-même, la regarde d'abord sans la reconnaître, puis se jette dans ses bras et fond en larmes.*)

JULIE, *pleurant.*

Ma fille, vous êtes bien mal.

LOUISE.

Partons, maman.

JULIE.

Non, mon enfant, vous ne le pouvez pas... Je serais trop inquiète de me séparer ainsi de vous ; venez, vous allez vous reposer sur mon lit.

LOUISE.

Eh bien ! maman, comme vous voudrez. Allez au bal, j'attendrai votre retour.

JULIE.

Non, je ne vous quitterai pas. Jamais, jamais, je ne te quitterai plus...

LOUISE.

Oh! que vous êtes bonne pour moi, maman! vous m'aimez, vous?

(*Elle se jette à son cou.*)

JULIE.

Et si je vous aime, Louise, vous vous consolerez, n'est-ce pas?

LOUISE.

Oh! maman, je l'aurais haï, mais je l'aimerai pour m'avoir rapprochée de vous aujourd'hui! Ah! j'étais bien ingrate de douter de votre cœur! il sera mon refuge dans l'avenir!

JULIE, *à part.*

Et le tien sera mon refuge aussi contre le passé. (*Haut.*) Viens dans ma chambre; tu dormiras, je veillerai près de toi. (*A part et soutenant sa fille dans ses bras.*) Mon Dieu! voici pourtant une idée de bonheur; pourquoi ne l'avais-je pas encore comprise?

FIN DU DEUXIÈME ACTE.

ACTE TROISIÈME.

ACTE TROISIÈME.

(A l'hôtel Bourset. — L'appartement de Samuel Bourset)

SCÈNE PREMIÈRE.

LE DUC, BOURSET.

BOURSET.

Levé avant midi, M. le duc? Après la fatigue de votre bal? Vraiment, vous êtes de fer. Vous rajeunissez tous les jours !

LE DUC.

Le duc de La F*** est venu m'éveiller ce matin avec une nouvelle qui m'a ôté l'envie de me rendormir, je vous assure.

BOURSET.

Parbleu ! la belle fête que vous nous avez donnée cette nuit ! Je suis sûr qu'il ne sera bruit d'autre chose ce soir à la cour et à la ville.

LE DUC.

Il s'agit bien de mon bal ! Parlez-moi donc de ce qui occupe tout le monde et de ce qui m'inquiète en particulier. Que dites-vous de l'arrêt ?

BOURSET.

Celui de ce matin ? C'est un arrêt comme tant d'autres.

LE DUC.

C'est un arrêt comme il ne s'en est jamais vu ! un arrêt à nous ruiner tous ! une exaction, une infamie !

BOURSET.

Bah ! voilà comme vous êtes tous, avec vos méfiances et votre ignorance des affaires ! Est-ce qu'il est exécutable, cet arrêt ? Et d'ailleurs, est-ce qu'il concerne les partisans du système ?

LE DUC.

Partisans ou récalcitrants, il frappe tout le monde. On parle déjà d'arrestations, de visites domiciliaires, de Bastille, de procès, de potence, que sais-je ? Pour nous faire donner notre argent plus vite, et Dieu sait que pourtant nous allions assez vite comme cela, voilà qu'on imagine de nous le prendre de force ! Merci Dieu ! défense à quiconque veut avoir des valeurs monnayées, de garder chez soi plus de cinq cents livres! et le reste de notre fortune, on nous le restitue en papier.

BOURSET.

Eh bien! que vous faut-il donc? Le papier vaut dix fois l'argent, et vous n'êtes pas content!

LE DUC.

Voilà un joli arrangement! L'État déclare que le papier décuple mes rentes, et mon tapissier, mon maître d'hôtel, mon cordonnier, mon valet de chambre, me déclarent qu'ils ne recevront plus aucun payement effectué dans cette belle monnaie. Nous habillera-t-on avec du papier maintenant? Nous chaussera-t-on avec, ou nous en fera-t-on manger? Qu'est-ce qu'une valeur fictive qu'on nous force à recevoir, et qu'on ne nous permet pas d'échanger? Si ce papier est meilleur que l'argent, qu'on nous le reprenne quand nous n'en voulons plus, et qu'on nous rende ce vil métal dont nous voulons bien nous contenter. Que diable! ceci est une plaisanterie de fort mauvais goût, M. Bourset! Jamais on n'a imaginé de dépouiller les gens pour les empêcher de se ruiner

BOURSET.

Vous m'affligez, M. le duc, vrai! vous me faites de la peine.

LE DUC.

Pardieu! j'en suis fort marri. Mais votre système m'en fait bien davantage, à moi.

BOURSET.

Est-il possible qu'un homme de votre sens et de votre rang écoute et répète les propos de la populace ignorante et couarde!

LE DUC.

Il s'agit bien de propos! Le papier-monnaie tombe-t-il en discrédit, oui ou non? Le système de Law a-t-il perdu la confiance publique? Dites. Les actions sur toutes vos belles entreprises, après avoir follement décuplé, sont-elles déjà retombées au-dessous de leur valeur première? Osez le nier! Et où s'arrêtera la baisse?

BOURSET.

Si la confiance publique est ébranlée, n'est-ce pas la faute des ambitieux et des intrigants qui excitent, à force de mensonges, de puériles frayeurs? N'est-ce pas celle des gens timides qui les écoutent? Ah! j'en étais bien sûr, que vous arriveriez à me faire des reproches. Je vous le disais bien, l'an dernier, quand vous voulûtes absolument prendre ces actions ! Vous êtes tous les mêmes. Au moment de gagner la partie, on la perd, parce que chacun, frappé de panique, retire son enjeu, et paralyse l'homme habile qui tient les cartes !

UN DOMESTIQUE.

M. le duc de La F*** demande à parler à M. le comte.

BOURSET.

Faites-le entrer dans mon cabinet, mais pas par ici ; par le grand salon. Je suis à ses ordres dans un instant.

(*Le domestique sort.*)

LE DUC.

Pardieu ! il est inquiet lui-même, votre duc de La F***, qui s'entend si bien aux affaires ! Tout le monde l'est. Paris est consterné, et le peuple s'agite.

BOURSET.

Le peuple ! le peuple ! Si on écoutait le peuple, personne ne ferait fortune, et pour empêcher l'État de s'acquitter envers les hautes classes, il pillerait à son profit le trésor public ! Belle autorité, ma foi, que le peuple !

LE DUC.

Le peuple a des instincts de sagesse et d'honnêteté, tout aussi bien que nous ; et nous, nous avons des accès d'avidité et de démence pires que les siens.

LE DOMESTIQUE.

La voiture de M. le duc de M*** entre dans la cour. Faut-il faire entrer M. le duc dans le cabinet de M. le comte ?

BOURSET.

Faites. J'y suis dans l'instant.

(*Le domestique sort.*)

LE DUC.

Voilà M*** aussi qui prend l'alarme. Mon cher Samuel, vous en aurez gros sur les bras aujourd'hui ; chacun est mécontent.

BOURSET.

Est-ce donc ma faute si l'on a rendu cet arrêt ? C'est une imagination de M. le ministre des finances : mais le parlement y fera opposition, et dans peu de jours il sera révoqué.

LE DUC.

Il faut bien l'espérer. La peste soit du d'Argenson avec ses coups d'État !

LE DOMESTIQUE.

M. le comte de Horn, M. le comte de*** et M. le marquis de***.

BOURSET.

Toujours dans mon cabinet. Introduisez là tous ceux qui viendront. (*Le domestique sort.*)

LE DUC, *voulant sortir.*

Allons, venez ! Voyons ce qu'ils disent, et ce que vous allez leur répondre.

BOURSET.

Un instant, M. le duc ; je vois bien que tous mes actionnaires vont venir me chanter un chœur de lamentations. Laissez l'assemblée se compléter, et vous verrez comme je répondrai.

LE DUC.

Ils vont tous redemander leur argent. Et qu'est-il devenu ?

BOURSET.

Ce que vous avez voulu qu'il devînt, du papier !

LE DUC.

Belle denrée ! Je voudrais qu'on en servît aux soupers du régent.

BOURSET.

Et si je ne l'avais converti suivant vos désirs, où en seriez-vous aujourd'hui ?

LE DUC.

Ma foi, nous le cacherions dans nos caves, et vous auriez dû le cacher dans les vôtres, afin de pouvoir nous le restituer en cas d'alarme.

BOURSET.

Oui, pour qu'il fût saisi chez moi et confisqué sans retour. Oh ! les choses vont mieux comme elles vont ! Dans un mois, la confiance renaîtra, les actions remonteront, et vous rirez bien de ce que vous me dites aujourd'hui. Allons donc ! M. le duc ; il faut se conduire ici comme un général à la veille d'une bataille.

(*Le domestique, puis George.*)

LE DOMESTIQUE.

Plus de vingt personnes demandent M. le comte et attendent dans son cabinet.

BOURSET, *apercevant George.*

C'est bien, j'y vais. (*Il veut sortir.*)

GEORGE, *l'arrêtant.*

Permettez, M. de Puymonfort ; j'ai deux mots à vous dire.

BOURSET.

Pardon, M. Freeman, je n'ai pas le temps.

GEORGE.

J'insiste, monsieur. Ce que j'ai à vous dire vous intéresse plus que moi, et M. le duc ne sera pas fâché de l'entendre.

LE DUC.

Est-ce relatif à l'arrêt ? Je ne m'intéresse pas à autre chose aujourd'hui.

BOURSET, *au duc.*

Cet homme est un intrigant ou un fou. Ne l'écoutez pas.

LE DUC.

Ce n'est ni l'un ni l'autre ; je l'écouterai, moi. Parlez, M. Freeman.

GEORGE.

Ce que je vous avais dit, M. de Puymonfort, j'en étais trop bien instruit pour l'avancer à la légère. Aujourd'hui le fait est avéré, et le grand leurre est anéanti. Il n'y a pas de mines d'or à la

Louisiane ; il n'y en a jamais eu, il n'y en aura jamais.

LE DUC.

J'en étais sûr !

BOURSET, *à George.*

Monsieur, on sait de quelle coterie vous êtes l'agent. Vous allez souvent à Sceaux, et vous êtes l'ami des frères Pâris. Mais je vous avertis que personne ici ne conspire contre le régent, et que vous ne ferez point de dupes.

GEORGE.

Je ne conspire contre personne; je ne conspire pas surtout contre la fortune publique.

LE DUC.

Comment ! M. Freeman, vous croyez que M. Bourset...

GEORGE.

Je n'accuse personne, et il me siérait fort mal de me venger des imputations de M. Bourset. J'admets sa bonne foi, et je vous déclare qu'il peut être dans une voie d'erreur et d'enivrement dont il sera victime lui-même.

LE DUC.

Écoutez-le, M. Bourset ; M. Freeman parle en galant homme.

BOURSET.

Écoutez-moi un moment, M. le duc, deux mots éclairceront la question. Monsieur fait la cour à ma fille ; je l'ai soustraite à ses poursuites, je lui ai refusé sa main, et, par vengeance, il veut flétrir mon honneur et ruiner mon crédit. Expliquez-vous avec lui maintenant, vous, M. le duc, à qui ma fille est promise.

LE DUC.

Ah ! pardieu ! ce serait trop fort qu'on voulût m'enlever à la fois la main de Louise et mon million, s'il est vrai qu'il repose sur la confiance que votre nom inspire. Optez, M. Freeman ; laissez-moi l'un ou l'autre, s'il vous plaît.

GEORGE, *à Bourset, avec indignation.*

Vous venez de dire une parole bien imprudente, M. Bourset. C'est insensé ce que vous venez de faire ! Rien n'enchaînera plus mon indignation. Venez, M. le duc, venez entendre la vérité ; je la dirai devant tous. (*Il veut sortir, le duc le suit.*)

BOURSET, *se plaçant devant eux.*

C'est à vous d'opter, M. le duc. Cet homme, avec de faux renseignements et des preuves absurdes, que, dans le premier mouvement de frayeur, chacun acceptera sans examen, va ruiner mon crédit et vous faire perdre, par conséquent, les fonds que vous avez mis dans l'entreprise. Voyez si vous voulez lui céder la main de ma fille ; j'y consens, moi, car ma ruine va entraîner celle de bien des honnêtes gens, et je saurai sacrifier mes sympathies à leurs intérêts. Voyez : s'il parle et si on l'écoute, je ne réponds plus de rien.

LE DUC.

M. Bourset, me croyez-vous lâche ou me savez-vous homme d'honneur ? Si la vérité n'intéressait que moi, je pourrais refuser de l'entendre ; mais je ne suis pas seul en cause ici, et, si monsieur doit faire quelque révélation qui soit utile aux autres, j'aime mieux perdre mon argent que ma propre estime. (*A Freeman.*) Venez, monsieur !

BOURSET, *bas à Freeman.*

Eh bien ! vous, monsieur, songez que vous allez décider de votre sort. Gardez le silence, et vous pourrez prétendre ma fille.

FREEMAN *le regarde avec mépris, et se retournant vers le duc :*

Allons, monsieur !

(Ils entrent tous trois dans le cabinet.)

SCÈNE II.

JULIE ET LOUISE, en habits du matin.

LOUISE.

Mon Dieu ! maman, que se passe-t-il donc ? Que de voitures sont entrées dans la cour aujourd'hui ! Je n'ai pu réussir à approcher de mon père pour lui dire bonjour.

JULIE.

Ton père a une existence bien malheureuse, mon enfant ! Il travaille à l'œuvre funeste de la richesse.

LOUISE.

N'est-ce pas, maman, que vous regrettez souvent le temps où, comme moi, vous ne souhaitiez qu'un sort modeste et l'affection de ceux qui vous étaient chers ?

JULIE.

O ma fille !

LOUISE, *regardant à une fenêtre.*

Comme le peuple est agité aujourd'hui ! Voyez donc, maman, tous les travaux semblent interrompus ; on se groupe, on se parle avec inquiétude... Le peuple est bien à plaindre, n'est-ce pas, maman ?

JULIE.

Qu'en sais-tu, mon enfant?

LOUISE.

Oh! j'y pense souvent, et je prie Dieu tous les jours pour que cela change et qu'il n'y ait plus de pauvres.

SCÈNE III.

LES PRÉCÉDENTS, BOURSET.

BOURSET, *fort ému, sur le seuil de son cabinet, parlant à ceux qui y sont.*

Écoutez-le donc, messieurs, je lui cède la place; il me siérait mal de disputer avec l'ignorance et la mauvaise foi. Il me répugnerait d'avoir à défendre mon honneur contre la calomnie et la vengeance. Je laisse à vos consciences le soin de me justifier et à la sienne la tâche de le punir. (*Il laisse retomber les battants de la porte et revient pâle et tremblant tomber sur une chaise, sans voir sa femme et sa fille.*)

LOUISE, *courant vers lui.*

Qu'est-ce donc? Mon papa semble prêt à s'évanouir. Oh! mon Dieu! maman, voyez comme il est pâle ! Mon père, répondez-moi !... Vous souffrez ?...

JULIE, *s'approchant de Bourset plus lentement.*

Quel malheur vient donc de vous frapper, monsieur ?

BOURSET, *éperdu.*

Laissez-moi !... Ah !... c'est vous !... Julie... Louise... donnez-moi de l'eau !... Là !... là !... (*Il montre une table.*)

(*Louise lui apporte précipitamment un verre d'eau.*)

BOURSET, *après avoir bu.*

Oui... je suis mieux... c'est cela... Écoute, Louise... Non ! écoutez, vous... Julie... Freeman est là dedans... il parle !...

JULIE.

Eh bien !... que dit-il donc ?

BOURSET.

Il nous perd, il nous ruine, il nous déshonore !...

LOUISE.

Lui ! Oh ! c'est impossible, mon père ; vous ne le connaissez pas.

BOURSET, *avec âcreté.*

Il t'aime, ou plutôt il veut t'épouser parce que tu es riche et parce qu'il est ambitieux, et parce qu'il est pauvre ; et moi, je lui ai résisté, parce que je veux ton bonheur et ta considération... Et maintenant, il se venge, il me traîne à terre, il me calomnie...

LOUISE.

Oh ! maman !... dites à mon père qu'il se trompe... Cela n'est pas !...

JULIE.

Oh ! Léonce pousserait-il la haine et la vengence à ce point ?

BOURSET.

Léonce ? Qui est Léonce ?...

JULIE.

Rien !... un souvenir... une distraction ! Mais ne peut-on enchaîner-sa langue ? Rentrez, défendez-vous. Pourquoi abandonnez-vous la lutte ? Allons, ne faiblissez pas... parlez à votre tour...

BOURSET.

Non... La colère... l'indignation me suffoquent... Julie, appelez-le, arrachez-le comme vous pourrez à cet auditoire imbécile qu'il captive. Louise...

sur un prétexte quelconque, entrez là... montrez-vous! D'un mot, d'un regard, vous pourrez l'enchaîner, vous!... Allez! l'honneur de votre père est en péril!... Ayez un peu de courage... Vous êtes deux femmes, vous pouvez beaucoup...

JULIE, *arrêtant Louise qui obéit instinctivement et toute tremblante.*

Restez là, ma fille! et vous, monsieur, rougissez de vouloir exposer votre enfant à la malignité des hommes pour sauver de vils intérêts.

BOURSET.

Oh! maudites soyez-vous! femmes sans cœur qui savez vous enorgueillir et vous parer de nos triomphes, et qui ne savez pas nous aider et nous plaindre dans nos revers!... (*Il se lève et va avec agitation écouter à la porte du cabinet.*) Il ne m'accuse pas encore... non!... Mais il dévoile le secret de l'affaire!... Oh! qui peut l'avoir si bien informé?... On l'interrompt!... C'est le comte de Horn... Celui-là me défend! Oh! ils ne perdront pas dans un instant l'estime que depuis vingt ans de travail et de persévérance j'ai su leur inspirer!... Ah! maintenant! des preuves!... oui, des preuves!... Est-ce qu'il en a?... S'il en avait!... des preuves fabriquées!... des pièces apocryphes!... Ah! comme ils lui répondent mal... que ce comte de Horn est borné !... qu'ils sont tous lâches et crédules !... Oui, l'acte de vente du privilége de Bourset pour cinq cents écus... pas davantage ! Je le sais bien !... Qu'est-ce que cela prouve ?... Ils veulent le voir... ils le commentent... Que disent-ils ? Des injures... contre moi... Mais on me défend avec chaleur !... Qui donc me défend si bien ?...

LOUISE, *écoutant aussi.*

C'est la voix de George Freeman, mon père !... Oh ! c'est bien lui qui vous défend ! — Il dit que vous avez été le premier trompé... que vous serez la première victime de vos bonnes intentions !...

BOURSET.

Ah ! il dit toujours qu'il le suppose !... il ne dit pas qu'il en est sûr !

LOUISE.

On l'écoute, mon père !... Personne ne le contredit... Ah ! on vous connaît bien, allez !... et j'étais bien sûre que George ferait triompher la vérité. Oh ! c'est un noble cœur !

LE DUC *rentre.*

Eh bien ! mon pauvre Bourset ! nous voilà ruinés et vous comme les autres ! Nous avons fait là une grande équipée, et vous avez été diablement fou; nous aussi!... Allons, je ne vous fais pas de reproches; vous ne le vouliez pas, je m'en souviens. C'est moi qui me suis jeté là dedans tête baissée!

BOURSET, *reprenant son arrogance.*

Ainsi donc, M. le duc, vous croyez aux hâbleries de cet homme-là?

LE DUC.

Cet homme-là, Bourset? C'est un homme que je respecte, que vous devriez remercier à genoux, car un autre à sa place vous eût peut-être fort mal arrangé, et si vous n'aviez pas affaire à des gens d'honneur, vous auriez un mauvais parti à l'heure qu'il est. Savez-vous bien qu'on ne perd pas des millions de capitaux et des milliards d'espérances sans un peu d'humeur? Moi-même j'ai été ému tantôt; mais, puisque c'est fait, j'en prends mon parti; j'ai un si doux sujet de consolation devant les yeux! (*Il regarde Louise, qui fait un mouvement d'effroi. — A George qui rentre, lui montrant Louise.*) Merci, monsieur, vous m'avez fait plus riche que je ne l'ai été de ma vie.

GEORGE.

Oh! ce n'est pas encore décidé, ne vous réjouissez pas trop vite, M. le duc; je connais vos conventions avec M. Bourset. Il a bien un million à vous rendre, même avec les intérêts.

LE DUC.

Je ne le désire plus pour moi, et ne l'espère pas pour lui, pauvre Bourset!

BOURSET, *à Freeman.*

Vous m'avez ruiné, monsieur, ne me raillez pas.

GEORGE.

Je ne vous ai pas déshonoré, monsieur, et vous ne me remerciez pas.

BOURSET.

N'est-ce pas le déshonneur que la banqueroute? et comment puis-je l'éviter à présent?

GEORGE.

Je vous en évite une plus grande et plus funeste à vos actionnaires.

BOURSET.

Que ce soit plus ou moins, la tache est la même sur ma famille.

GEORGE.

Mais vous ne pensez qu'à vous, monsieur;

vous comptez donc pour rien ceux qui avaient remis leur sort entre vos mains? Sans moi, vous alliez les amener à de nouveaux sacrifices, espérant par là conjurer un naufrage qui n'eût été que plus prompt et plus terrible?

BOURSET, *à part.*

Oh! scélérat d'honnête homme!

LE DUC.

Allons, Bourset, consolez-vous, mon ami. On sait que vous êtes pur dans cette affaire, et vous ne recevrez guère de reproches. Les gens comme il faut ont cela d'agréable qu'ils savent se ruiner au jeu sans jurer comme des Suisses au corps de garde. Quant à moi, je n'aurai que des bénédictions à vous adresser, puisque je gagne à tout ceci mille fois plus que je n'ai perdu.

(*Il regarde Louise.*)

GEORGE, *brusquement.*

Vous ne perdez rien, et vous ne gagnez rien; votre situation n'a pas changé, votre million va vous être rendu.

BOURSET, *avec une tristesse impudente.*

Et où le prendrai-je?

GEORGE, *lui montrant un panneau de boiserie.*

Ici.

BOURSET, *effaré en bégayant.*

Que... que voulez-vous dire ?

GEORGE.

La vérité... c'est mon entreprise à moi !... Vous avez des valeurs considérables en or et en argent cachées dans l'épaisseur de ce mur.

LE DUC.

Ah !

JULIE, *à part, regardant Bourset.*

Oh ! le misérable ! (*A sa fille.*) Venez, Louise... Ce sont là des affaires que vous ne comprendriez pas. (*Elle l'emmène.*)

BOURSET, *essayant de se remettre.*

C'est une infâme imposture, quelque propos de valet... Si cela était, comment le sauriez-vous ?

GEORGE.

Voulez-vous que je vous le dise ? (*Il l'emmène à l'écart et lui parle à voix basse.*) Cette nuit, comptant retrouver votre femme et votre fille au bal, j'y étais allé avec vous ; mais, ne les voyant point arriver, et ne vous en voyant point inquiet, j'ai craint quelque attentat à l'indépendance et à la dignité de celle que j'ai prise sous ma protection envers et contre vous ! Je suis revenu ici sans être aperçu. Oui, monsieur, j'y suis revenu, je m'y suis introduit en même temps que vous, comme vous rentriez un peu avant le jour. Je me suis glissé dans l'ombre sur vos pas, je me suis assuré de la présence de Louise dans la maison, et comme je traversais cette pièce pour me retirer, je vous ai vu, là, comptant et recomptant des sommes qui suffiront bien, et au delà, pour vous acquitter envers les actionnaires qui sont ici réunis; car vous saviez l'arrêt d'avance, comme vous saviez, il y a un an, le discrédit où tomberait le papier aujourd'hui. Or vous n'aviez pas été assez fou pour vous dessaisir des espèces qu'on vous a confiées, et vous ne vous en êtes rapporté qu'à vous-même du soin de les tenir cachées. Pourtant on fait des imprudences malgré tous les calculs! Vous croyiez cette porte fermée, et elle ne l'était pas; vous aviez regardé autour de la chambre, et vous aviez oublié de soulever ce rideau derrière lequel je me tenais... Allons! exécutez-vous de bonne grâce... ou bien moi-même je vais faire jouer le ressort caché dans cette boiserie, et déployer à tous les regards l'aspect splendide de vos coffres-forts!

BOURSET, *pâle et consterné.*

Je... je payerai ce que je dois au duc, soyez

tranquille. Mais si... si je vous donne ma fille.. vous ne... direz pas aux autres que... que j'ai... de l'argent... caché ?...

GEORGE.

Je ne pense pas que mon devoir m'entraîne à cette rigueur. J'ai dû empêcher le nouveau mal que vous alliez commettre, mais il ne m'appartient pas de réparer celui qui est fait. Je ne suis ni magistrat, ni recors. C'est aux parties intéressées de se faire rendre justice, si elles le veulent, et à la police de vous y contraindre si elle le peut. Moi, je n'ai plus qu'à me taire, ma tâche est remplie.

BOURSET.

C'est bien... Monsieur, vous... vous en serez récompensé. (*Au duc, qui examine la boiserie.*) M. Freeman avait été induit en erreur, M. le duc. Je viens de lui prouver que je n'ai point d'argent caché.

GEORGE.

Non, sans doute ; celui que vous avez, vous ne le cachez pas. Allez le chercher (*bas à Bourset*), car vous en avez ailleurs encore.

BOURSET, *terrassé.*

J'y vais ! (*Il sort.*)

LE DUC.

Vous me rendez là un méchant service, M. le justicier, M. le philosophe ! Je ne veux point de restitution ; je préfère la main de Louise.

GEORGE.

Vous n'êtes pas libre d'opter, M. le duc ; vous êtes forcé d'accepter la restitution. Ce sont les termes de l'acte que vous avez passé. Quant au service que je vous rends, il est très-grand. Je vous fais restituer une aisance dont, à votre âge, il eût été impossible de vous passer, et je vous préserve de la haine d'une épouse qu'à votre âge vous ne pouviez pas espérer de charmer.

LE DUC.

Vous êtes rude en paroles, M. le citoyen de l'Amérique ; mais vous avez peut-être fort raison, car vous avez su conduire votre propre barque.

GEORGE.

Attendez la fin pour me juger, M. le duc.

BOURSET *rentre avec un papier.*

Tenez, monsieur, voici une hypothèque de payement sur ma terre de Lagny ; c'est une première et unique hypothèque, vous le voyez, et la terre vaut deux millions. Avant une heure, si vous voulez, elle sera légalisée.

LE DUC, *prenant le billet.*

Allons, me voilà remboursé malgré moi! Je vous rends les armes, maître Freeman.

BOURSET.

Maintenant, monsieur, vous avez ma parole. Je vous donne la main de ma fille.

GEORGE.

Je ne vous l'ai pas demandée, monsieur.

BOURSET.

Comment?... Est-ce que...?

(*Julie rentre. George la salue, s'approche d'elle et lui prend la main.*)

GEORGE.

Ma cousine, veuillez aider M. Bourset à reconnaître le chevalier Léonce de Puymonfort, qui lui a fait rembourser depuis longtemps une petite dette de quatre cent vingt-cinq louis, et qui, par conséquent, ne craint plus de sa part l'effet d'une lettre de cachet.

BOURSET, *de plus en plus effrayé.*

Vous êtes un revenant!

LE DUC.

Palsambleu! mon pauvre chevalier, je ne m'attendais pas à te rencontrer un jour sur mon chemin en fait de mariage, lorsque, il y a dix-sept ans, je fis manquer le tien... Au diable la rivalité! Je t'ai toujours aimé, je t'ai regretté absent, je t'ai pleuré mort, et je te revois avec une vraie joie. Il faut que je t'embrasse! (*Il l'embrasse.*)

BOURSET.

Permettez, M. mon cousin, qu'oubliant le passé et me confiant dans l'avenir, je vous embrasse aussi.

(*George, qui a reçu assez froidement l'accolade du duc, recule devant celle de Bourset.*)

BOURSET.

Ma femme, embrasse aussi ton cousin. A présent, il n'y a plus de rancune possible.

JULIE, *tendant la main à George.*

Tout cela n'est pas nécessaire, monsieur; il y a longtemps que j'avais reconnu Léonce.

BOURSET, *inquiet.*

Et maintenant, M. le chevalier, vous voulez être son gendre... Mais la chose n'est pas impossible... Quoique proches parents... on peut obtenir des dispenses, et le nom de Puymonfort se perpétuera dans la famille. (*Regardant Julie avec intention.*) A moins que ma femme ne s'y oppose...

JULIE.

Vous l'espérez en vain, monsieur, vous ne l'obtiendrez pas. Je consens à ce mariage de toute mon âme.

LE CHEVALIER.

Vous, Julie !

JULIE.

Oui, moi, qui priais hier soir M. Bourset de vous repousser, et qui aujourd'hui me repens de ce que j'ai fait hier. Votre peu de fortune me semblait un obstacle ; mais, depuis hier, j'ai fait bien des réflexions sur l'horreur des sacrifices qu'on fait à la vanité. J'ai songé à ce que souffrirait une jeune personne livrée par un contrat sordide à un homme qu'elle ne pourrait aimer. (*Avec intention.*) J'ai connu des femmes assez malheureuses pour avoir une peur insensée de la misère, et pour renoncer à une existence noble et sereine, par ambition, par faiblesse ou par lâcheté. Je ne veux pas que ma fille dévore les larmes et les affronts que j'ai vu dévorer à de telles femmes ! Je veux qu'elle regarde son époux avec un doux orgueil tous les jours de sa vie, et qu'elle puisse lui dire : Mon cœur t'a choisi, et ma raison approuve le choix de mon cœur. O ma pauvre

Louise, je veux que tu n'aies point à rougir un jour du père de tes enfants.

BOURSET, *à part, la regardant.*

Voici une homélie que tu me revaudras ! (*Haut.*) Ainsi, vous consentez à ce qu'ils s'épousent ?

LE DUC.

Il faut bien que nous y consentions tous.

GEORGE.

Je n'y consens pas, moi. Nous sommes ici en présence quatre personnes qui nous sommes vues d'assez près autrefois pour n'avoir rien à nous dissimuler aujourd'hui. J'ai aimé Julie, je l'ai aimée passionnément, et quoique j'aie été pour elle un frère et rien de plus (je puis l'attester devant Dieu !), je sens qu'il me serait aussi impossible d'avoir de l'amour pour sa fille que pour elle désormais. Il est des sentiments qui meurent à jamais en nous quand on les brise violemment. Il est aussi des incestes du cœur, et ceux-là ne sont pas les moins criminels peut-être. Ma pensée les a toujours repoussés sans indulgence, et le jour où, voyant Louise sacrifiée, je l'ai prise sous ma protection, c'est en faisant le serment devant Dieu de l'aimer comme si elle était ma fille, jamais autrement ! Je l'ai préservée d'un mariage qui eût fait son désespoir et le vôtre ; je l'ai réconciliée avec sa mère, je le vois ; j'ai veillé sur elle pendant un an, et maintenant je la laisse heureuse, aimée, protégée, n'est-ce pas, Julie ?

JULIE *lui presse la main avec force.*

Oh oui ! Léonce, vous m'avez rendu le cœur de ma fille, et vous avez relevé le mien du désespoir et de l'abjection.

BOURSET.

Eh bien ! maintenant, que voulez-vous donc ?

GEORGE, *à Julie.*

Rien que lui dire adieu !

JULIE.

La voici !

SCÈNE V.

LES PRÉCÉDENTS, LOUISE, LA MARQUISE.

GEORGE, *s'approchant de Louise.*

Louise, vous prierez pour moi, je retourne en Amérique. Il y a longtemps que je me croyais et que je m'étais fait mort pour la France, lorsqu'une curiosité sérieuse m'y poussa de nouveau. Je m'imaginais que la société devait valoir mieux qu'au temps où je l'avais quittée ; mais je n'ai pas trouvé ce que j'espérais, et je vais revoir mes forêts tranquilles et mes patients laboureurs. Un ange m'est apparu pourtant sur cette terre ingrate. Son souvenir me suivra partout. Que le mien ne soit pas effacé en vous, mon enfant; qu'il soit pur et serein comme ma tendresse pour vous.

(*Il l'embrasse au front et se retourne vers Julie, qui se jette dans ses bras en pleurant.*)

LA MARQUISE, *à qui le duc a parlé bas.*

Oui, grand Dieu! je m'en étais souvent doutée. Ah! mon enfant, ne nous quitte pas au moment où nous te retrouvons.

GEORGE, *à la marquise.*

Ma tante, vous avez ri bien cruellement à mon premier départ.

LA MARQUISE.

Tu ne l'as pas oublié!

GEORGE.

Je ne m'en suis souvenu qu'ici. De loin, je l'oublierai encore. (*La marquise l'embrasse. Il salue Bourset et le duc, et sort en jetant à Julie et à Louise un dernier regard. Louise, qui s'est contenue tant qu'il a été présent, se jette dès qu'il est sorti dans le sein sa mère. La marquise l'emmène.)*

SCÈNE VI.

LE DUC, BOURSET, JULIE.

BOURSET, *à part.*

Amen ! (*Haut.*) Madame Bourset, vous gâterez vos beaux yeux à pleurer ainsi.

JULIE.

Monsieur, je n'ai pas voulu que ma fille entendît révéler vos secrets, Mais moi, cachée ici près, j'ai tout entendu. J'ai appris des choses que je n'avais jamais soupçonnées. Je vous ai aidé jusqu'ici dans vos projets de fortune ; j'ai partagé vos richesses et votre enivrement. J'ai même été vaine, ambitieuse, et j'en rougis ; mais vous aviez ennobli ce vice à mes yeux en me faisant croire que nous accomplissions une grande œuvre, que notre luxe faisait prospérer la France, et que nous étions au nombre de ses bienfaiteurs. Si je restais votre dupe un jour de plus, je serais forcée de me regarder comme votre complice, car je sais que nous ne sommes plus que des spoliateurs. Souffrez que, sans manquer à mes devoirs et sans rompre le lien qui m'attache à vous, je sépare mes intérêts, mes vœux et mes habitudes des vôtres. Je serais un prétexte à votre faste et à votre ambition, et je ne veux pas l'être. Je me retire dans une petite maison de campagne avec ma fille; nous y vivrons de peu, nous y serons heureuses l'une par l'autre. Vous reprendrez tous les diamants que vous m'avez donnés; je ne veux plus rien qui me rappelle que ces misérables jouets ont ruiné plus de cent familles. Adieu, monsieur, tâchez de vous acquitter! N'ayant pas assez d'influence sur vous pour vous y amener, je n'y serai du moins pas un obstacle, et je ne rougirai devant personne.

BOURSET, *avec une rage concentrée.*

Allez, et que le ciel vous conduise! Voilà qui porte à mon honneur un dernier coup!

LE DUC.

Entre nous soit dit, vous l'avez un peu mérité, Bourset, mon ami. (*A Julie.*) Vous êtes fort émue, madame; permettez-moi de vous conduire jusqu'à votre appartement.

(*Il sort avec Julie.*)

SCÈNE VII.

BOURSET, seul.

Mérité ! mérité ! cela est facile à dire ! Que faire ? Le grand coup de théâtre ? Le moment est-il déjà venu et la crise décisive ?... Oui, il faut risquer le tout pour le tout !... Allons, le sort en est jeté. C'est à présent, Bourset, qu'il faut montrer si tu es un grand spéculateur ou un parfait imbécile. (*Au duc, qui rentre.*) Monsieur le duc, sommes-nous enfin seuls ? Veuillez fermer les portes derrière vous.

LE DUC.

Et pourquoi diable !

BOURSET, *fermant les portes.*

Il est temps que vous me connaissiez. Vous saurez tout à l'heure jusqu'où peut aller le stoïcisme d'un homme qui se laisse accabler dans le sein même de sa famille, plutôt que de trahir les intérêts qui lui sont confiés. Tous ces messieurs sont-ils encore dans mon cabinet ?

LE DUC.

Je le présume. Après ?

(*Bourset va vers le cabinet d'un air tragique et ouvre la porte à deux battants.*)

LE DUC.

Que diable va-t-il faire? Se brûler la cervelle devant la compagnie?

(*Il veut l'arrêter.*)

BOURSET, *d'une voix forte.*

Messieurs !... messieurs !... ayez la bonté de me suivre ici.

(*Entrent le duc de la F., le duc de M., le comte de Horn, le marquis de S., et plusieurs autres.*)

BOURSET.

Tout n'est pas perdu, comme vous le croyez. Je n'ai pu m'expliquer devant un étranger ; ma justification entraînait la révélation d'un secret qu'il eût divulgué, et qui ne doit être connu que de vous. (*On ferme les portes et les fenêtres avec soin.*) Je me suis laissé accabler, je porte tout le fardeau de l'accusation et toute l'amertume de vos doutes. J'ai dû attendre que l'ennemi fût sorti de ma maison... Ce que j'ai souffert durant cette heure de tortures, vous l'apprécierez quand vous saurez quel homme vous avez laissé traduire devant vous comme un criminel devant un tribunal.

LE DUC.

Où diantre va-t-il en venir? il me fait peur !

(*Bas à Bourset.*) Bourset, mon ami, calmez-vous. Que diable ! tout n'est pas perdu !

BOURSET.

Tout est sauvé, au contraire, M. le duc. Messieurs ! étant déjà chargé de fonds immenses au moment où vous m'avez supplié et presque forcé d'accepter les vôtres, je me suis réservé de les faire valoir en temps et lieu, et jusque-là je les ai regardés comme un dépôt qui m'était confié, et que je devais garder dans mes mains, sauf à tirer les intérêts légaux de ma poche, si je ne trouvais pas un placement sûr et avantageux pour vous. Plus tard, initié au projet de loi qui vous frappe aujourd'hui d'inquiétude et de déplaisir, après avoir vainement combattu cet arrêt, j'ai résolu de vous en préserver, et, loin d'échanger les valeurs que vous m'aviez remises, je les ai intégralement conservées, afin de vous les restituer le jour où la baisse apparente et nécessaire de nos actions vous ferait croire l'argent plus précieux que le papier. Ce n'est pas mon opinion, à moi, car j'ai converti tout mon or en papier. J'ai acheté des terres en or, et je les ai revendues en papier. J'ai foi au papier, messieurs, c'est ma conviction ! c'est le résultat des plus consciencieuses études et du plus sévère examen. Mais de ce que je préfère le papier, il ne résulte pas que vous ne soyez pas les maîtres de vos fonds. L'exécution de l'arrêt qui frappe d'interdiction la possession d'une certaine somme monnayée peut d'ailleurs m'atteindre aussi bien que vous, quoiqu'il y ait plus de chances contre vous que contre moi. Je vous prie donc de reprendre chacun ce qui vous appartient, et de renoncer aux bénéfices de l'affaire. J'y aurai regret pour vous ; mais je serai heureux de me débarrasser d'une aussi grande responsabilité dans un moment de crise aussi fâcheux. Un homme tel que moi ne peut se soumettre deux fois dans sa vie à l'injure du soupçon, et je sens que je n'aurais pas la force de supporter une seconde scène comme celle d'aujourd'hui.

LE DUC DE LA F...

Mais où prendriez-vous l'argent pour le rendre ?

BOURSET.

Tenez, messieurs, voyez... (*Il ouvre les panneaux de boiserie, et leur montre plusieurs rangées de coffres-forts sur des compartiments.*)

LE DUC.

En voici bien d'une autre !

BOURSET.

Allons, messieurs, parlez, j'attends votre décision. Faut-il appeler mon caissier et faire compter à chacun de vous la somme qui lui revient? Il faudra bien que vous renonciez aux bénéfices ; car, vu l'état des choses, je ne puis rembourser que les intérêts du capital.

LE COMTE DE HORN.

Et pourquoi donc y renoncerions-nous? qui donc a besoin de son capital ici? Sommes-nous des gens de rien pour ne pouvoir risquer chacun une bagatelle de cinquante, cent, deux cent mille livres? Il y a là une affaire magnifique. Moi, je ne veux pas y renoncer. Les fonds sont en sûreté chez M. Bourset de Puymonfort. Appuyé comme il l'est par le régent, et ami intime de Law, il fera révoquer l'arrêt avant qu'on ait songé à examiner sa caisse. Qui l'oserait d'ailleurs? Nous, nous ne passerions pas vingt-quatre heures avec des fonds sans être inquiétés. Ainsi, mon avis est que nous donnions à l'honnête et respectable M. Bourset une preuve de notre confiance en réparation de l'outrage que nous n'avons pu empêcher aujourd'hui. Qu'il garde nos fonds et qu'il les fasse valoir. Nous avons été trompés par de faux renseignements, l'affaire est meilleure que jamais. Il faudrait être lâche pour renoncer à l'avenir que l'habileté, la probité et l'immense solvabilité de M. Bourset ouvrent devant nous.

LE DUC DE LA F...

C'est mon avis.

LE MARQUIS DE...

Et le mien.

PLUSIEURS VOIX.

Eh oui ! eh oui ! c'est le nôtre à tous.

BOURSET.

Je vous remercie, messieurs, de cette preuve d'estime, et quelque pénible, quelque dangereuse que soit la tâche que vous m'imposez, je saurai m'en rendre digne. J'en parlerai au régent dès que l'arrêt sera révoqué, et il sera tellement flatté de votre confiance au système, que vous obtiendrez de lui, je n'en doute pas, les faveurs et monopoles que vous sollicitez depuis si longtemps ; vous, monsieur le duc, les sucres et cafés ; vous, monsieur le comte, le monopole des cuirs ; vous, monsieur le marquis, celui des graisses, savons et chandelles (1); vous, monsieur le duc, que demandez-vous ?

(1) Historique.

LE DUC.

Est-ce que vous ne pourriez pas me trouver quelque chose d'un peu moins malpropre? (*A demi-voix.*) Moi, mon cher Bourset, je suis très-content d'être remboursé et très-dégoûté des affaires. A mon âge, vous l'avez dit, il faut du repos.

LE COMTE DE HORN, *bas à Bourset.*

Je vous ai donné un bon coup d'épaule; vous paierez, je l'espère, ma petite dette de jeu...

BOURSET, *avec intention.*

Fût-elle de cinq mille livres, monsieur le duc...

LE COMTE DE HORN.

Elle n'est que de dix mille.

BOURSET.

Soit. (*A part.*) Mendiant! puisses-tu être roué vif (1).

LE DUC, *à part, pendant que Bourset reçoit des poignées de main, accolades et félicitations de tous.*

Ah ça! ce Bourset est-il le plus rusé coquin ou

(1) On sait que le comte de Horn a été roué vif pour avoir assassiné, dans la rue Quinquampoix, un agioteur chargé de valeurs considérables.

le plus honnête homme que j'aie jamais connu?

BOURSET, *traversant le salon pour donner des poignées de main de tous côtés.*

Ce pauvre chevalier m'a donné là, sans s'en douter, une heureuse idée! Qu'il aille en Amérique à présent et qu'il en revienne encore, je le défie!

(*Tous l'embrassent.*)

FIN.

www.ingramcontent.com/pod-product-compliance
Ingram Content Group UK Ltd.
Pitfield, Milton Keynes, MK11 3LW, UK
UKHW022018170726
13837UKWH00001B/255